MW00718973

La Oración
de Jesús

La Oración de Jesús

HANK HANEGRAAFF

BETANIA

Un Sello de Editorial Caribe

Betania es un sello de Editorial Caribe, Inc.

© 2002 Editorial Caribe, Inc.
Una división de Thomas Nelson, Inc.
Nashville, TN-Miami, FL, EE.UU.
www.caribebetania.com

Título en inglés: The Prayer of Jesus
© 2001 por Hank Hanegraaff.
Publicado por W Publishing Group,
una división de Thomas Nelson Publishers.

A menos que se señale lo contrario, todas las citas bíblicas
son tomadas de la Versión Reina-Valera 1960
© 1960 Sociedades Bíblicas Unidas en América Latina.
Usadas con permiso.

Traductor: Eugenio Orellana

ISBN: 0-88113-735-9

Impreso en Colombia
Printed in Colombia

DEDICATORIA

A mi hija Christina, a quien le encanta orar.
Cristo no solo es lo primero en su nombre
sino que lo es también en su vida.

Contenido

PRÓLOGO

El 8 de noviembre de 1981, después de casi dos años de investigar la evidencia sobre el cristianismo, me sentí compelido a abandonar mi ateísmo y abrazar a Jesús como mi Perdonador, mi Guía y mi Amigo. Pero entonces, me dije: ¿Y después de eso, qué?

¿Cómo debía desarrollar una relación con un Dios invisible?

¿Cómo podría conversar con Jesús si no me era posible escuchar su voz en forma audible?

¿Por qué tenía que pedir las cosas si Dios conocía mis necesidades por anticipado?

¿No sería egoísmo de mi parte pedir los deseos de mi corazón? ¿Había una forma correcta y una forma incorrecta de hablar con Dios?

En materia de oración no hay escasez de consejo. Amazon.com ofrece una lista de 8.202 libros sobre el tema. ¿Cómo podemos saber lo que es válido y lo que no lo es? ¿Hay realmente atajos, como afirman algunos autores?

Debo ser franco en decir que terminé tratando las oraciones como si fuesen entremeses espirituales. Tomaba unas pocas ideas de este escritor, unos cuantos consejos que el pastor daba en sus sermones, aplicaba algunos versículos y todo lo mezclaba con algunos consejos de amigos bien intencionados. El resultado era una vida de oración sin balance y a medio hornear que me dejaba con hambre de algo que me satisficiera más.

Me tomó más de lo que habría querido el aceptar que tenía que buscar el consejo de Aquel que es el máximo experto en cuanto a relacionarse con Dios: Jesucristo mismo. Pronto descubrí que Jesús había revelado la esencia de la oración. Gracias a su enseñanza y a su ejemplo, encontré la manera de profundizar mi relación con Dios. ¡El resultado ha sido la aventura de toda una vida!

Y esta es la forma en que mi amigo Hank Hanegraaff aborda el tema en su maravilloso libro *La oración de Jesús.* Deja que el Maestro disponga una fiesta espiritual para todo el que quiera de verdad nutrirse. De veras, ¡cómo me habría gustado que hubiese escrito este libro veinte años atrás!

Hank ha producido una orientación balanceada, práctica y muy sabia sobre cómo orar. Todo fluye no solo de su gran conocimiento teológico, sino también de su experiencia personal en cuanto a aplicar día tras día en su propia vida los principios de Jesús. He orado con él en momentos de quietud lejos de los ojos de la gente. Es claro que la oración no es simplemente algo que él hace sino que es la forma normal en que vive.

Siento gratitud hacia él por haber emprendido el duro trabajo de mantener el libro conciso, enfocado y accesible. Hace de la oración algo sencillo, como debería ser siempre, pero no algo simplista. Finalmente, la profundidad del libro se medirá por el grado en el cual usted ponga en práctica estas enseñanzas cristocéntricas en su diario vivir. Créame, los resultados serán regocijantes.

Las encuestas nos dicen que casi todo el mundo ora; la experiencia personal nos dice que pocos se sienten satisfechos. *La oración de Jesús* lo hará partir en la dirección correcta a medida que establece una vida de oración saludable y balanceada que honrará a Dios y le ayudará a usted por toda su vida.

De modo que, adelante, vuelva la página. ¡Comienza la aventura!

—Lee Strobel

Reconocimientos

En primer lugar quisiera reconocer a Lee Strobel por su prólogo y su aliento; a la junta y personal del Instituto de Investigación Cristiana, especialmente a Paul Young por sus oraciones, a Stephen Ross por su discernimiento, a Elliott Miller por sus correcciones y a Melanie Cogdill por sus sugerencias. Además, quisiera agradecer a Bob y Gretchen Passantino por estar siempre dispuestos a intercambiar ideas conmigo; a Rick Dunham por su piadosa sabiduría; a Mark Sweeney, David Moberg y al personal de Word por su ayuda y apoyo; y a Mary Hollingsworth por su habilidad como editora. Finalmente, quisiera expresar mi amor y gratitud a Kathy y los niños: Michelle, Katie, David, John Mark, Hank Jr., Christina, Paul Stephen, Faith y a Grace, la bebé que nos precedió en su llegada al cielo. Y por sobre todo, estoy supremamente agradecido a Aquel que nos enseñó la oración de Jesús.

Introducción

❧

¡Hablemos de soñar un sueño imposible! Finalmente, un libro sobre la oración brincó por sobre *Harry Potter y la piedra filosofal* para alcanzar la cima en la lista de libros más vendidos del *New York Times*.[1] Y no se trata de cualquier libro. Es un libro que registra la oración de un poco conocido personaje del Antiguo Testamento llamado Jabes, apretujado entre cientos de nombres en una larga lista genealógica. Pero, admirablemente, Jabes ha alcanzado el grado de superestrella y dado origen a una virtual industria de productos accesorios.

La revista de asuntos religiosos de *Publishers' Weekly*, Lynn Garrett, describe el libro, titulado simplemente *La oración de Jabes*,[2] como un «éxito arrollador», lo cual probablemente seguirá creciendo debido a que «es muy evangélico y muy estadounidense y que si se conoce la técnica correcta y la forma adecuada, esa oración puede ser eficiente y efectiva. Algo así como jugar al golf».³ *Time* dice que el autor, Bruce Wilkinson «... dulcifica su tesis con anécdotas de su predicación y su vida personal» y que «si se recita la oración diariamente, es posible llegar a... ser como él».⁴ Sin dudar, Wilkinson dice que él es una prueba de lo que le puede ocurrir a usted si incorpora la oración de Jabes en su rutina diaria. Y en esto, Wilkinson no está solo. Mucha gente testifica que ellos, como él, han alcanzado un éxito extraordinario en sus vidas. Una lectora eufórica me dijo que había seguido la fórmula sencilla prescrita en el libro y que, como resultado, su vida había sido absolutamente revolucionada. Cada día durante treinta días, se disciplinó para sacar un tiempo para orar con toda fe la oración de Jabes. Pegó la oración en el espejo del baño y llevó un registro de las citas divinas y las oportunidades nuevas que experimentó como resultado.

No todos los que se encuentran con *La oración de Jabes* son, sin embargo, igualmente entusiastas. Como Lynn Garrett, de *Publishers' Weekly,* hemos oído de algunos que dicen que la ven como la quintaesencia de la «comida rápida» del cristianismo. Otros lamentan que *La oración de Jabes* se base más en historias de tipo personal que en pasajes de la Escritura.

¿Son justas tales críticas? ¿Caracterizó *Time* correctamente a Jabes? ¿Es este otro ejemplo de la fórmula *hágalo usted mismo*? «Haga esta oración una vez al día durante treinta días y háblele a otra persona sobre su «nuevo hábito de oración» ¿O es esta realmente «una cosa de Dios»? Dados los centenares de narraciones conteniendo oraciones increíblemente significativas de santos bíblicos, ¿por qué es que tantos millones se han enamorado de esta oración? Más específicamente, ¿qué diría Jesús sobre la oración de Jabes? Si tuviéramos que pedirle: «Señor, enséñanos a orar» ¿nos diría que hiciéramos la oración de Jabes?

Todas estas preguntas y una cantidad de otras fluyen en mi mente mientras llamadas y cartas empiezan a inundar las oficinas del Instituto de Investigación Cristiana. Aunque estaba previamente familiarizado con Jabes desde una perspectiva genealógica, nunca se me ocurrió pensar sobre las implicaciones espirituales de esta frase perdida entre cientos de nombres casi impronunciables. Sin embargo, la avalancha de correspondencia, llamadas y comentarios que cayeron sobre mí renovaron mi perspectiva sobre el hambre que tiene la gente de conectarse con Dios a través de la oración. Muchos expresaban un sentimiento de culpa por no haber hecho de la oración una parte regular de su rutina diaria. El impresionante éxito alcanzado por Wilkinson nos ha hecho conscientes de nuestra propia insuficiencia. Como él, queremos desesperadamente que nuestras vidas cuenten, pero a menudo no sabemos cómo vencer la inercia.

Después de leer *La oración de Jabes* me sentí motivado a reexaminar mi propia vida de oración a la luz de la Escritura. Y de ese estudio fue que surgió este libro.

Después que renovemos nuestro compromiso de hacer de la oración una prioridad, querremos saber si estamos embarcados en una empresa que en realidad representa un importante paradigma de cambio de dirección. A medida que progresemos podremos echar una mirada de más cerca a la oración desde la perspectiva del Maestro, Cristo Jesús. De una cosa podemos estar seguros y es que cuando le pedimos a Él pan, no nos va a dar una piedra.

¡Hagamos juntos, usted y yo, esta realmente emocionante expedición! Es una expedición que demostrará enfáticamente que la emoción no está en la llegada sino en la jornada, una jornada que impactará su vida no solo por el tiempo sino por la eternidad. Usted está a punto de conectarse a la fuente de poder, provisión y propósito de la oración, como solo el Hijo de Dios lo puede proveer. Al final, entenderá cómo la oración de Jesús es el modelo no solo para su propia vida de oración sino para la verdadera comprensión de todas las demás oraciones registradas en la Escritura.

Capítulo uno

୬

¡Señor, enséñanos a orar, pero enséñanos ya!

Enseñaba como quien tiene autoridad, y no como los escribas.

Mateo 7.29

Casi se puede ver el sentido de urgencia pintado en los rostros de los discípulos cuando rodean al Maestro. Uno de ellos, quizás Pedro, asume el papel de vocero del grupo y en lugar de pedirle: «Señor, enséñanos a orar», le dice impetuosamente: «¡Señor, enséñanos a orar, pero enséñanos *ya*!» (Lucas 11.1).[1]

Sus palabras eran tanto ansiosas como expectantes. Una y otra vez había visto al Maestro retirarse a lugares solitarios para orar. Y había visto la serenidad que mostraba Jesús después. Quizás no estaba seguro de qué era lo que hacía que el rostro de Cristo resplandeciera, pero de una cosa estaba seguro: Lo que fuera, él lo quería, ¡y lo quería *ya*!

Sin duda los discípulos ya habían oído a Jesús predicar

Jesús sabía que sus discípulos nunca entenderían apropiadamente los ejemplos de oración sin primero entender los principios de la oración.

sobre la oración cuando presentó su admirable Sermón del Monte (Mateo 5-7). Pero aquel fue un sermón público a las multitudes. Esta, en cambio, era una oportunidad para una sesión privada con el Maestro. Y Jesús, consciente de su urgencia, sabía que podía contar con toda la atención de ellos.

En los libros sagrados había cientos de oraciones hacia las cuales Jesús pudo haber guiado la atención en aquel día. Pudo haber tomado la admirable oración de Salomón en el Segundo Libro de las Crónicas. ¿Recuerda la historia? Dios le dijo a Salomón que le pidiera lo que quisiera (2 Crónicas 1.7). ¡Imagínese! ¡Solo dígalo y será suyo!

No sé usted, pero me imagino diciendo: «Señor, bendíceme y permítame un tiro mejor que el de Tiger Woods para que pueda ganar el Máster de Golf para tu gloria».

Pero algo así no fue lo que pidió Salomón. Humildemente, le pidió sabiduría y conocimiento (v. 10). La Biblia dice que Dios estaba tan complacido con su oración que no solo hizo de Salomón el más sabio de cuantos hombres habían vivido, sino que lo bendijo con «riquezas, bienes y gloria» (v. 12). ¡Una fórmula ideal para alcanzar el éxito!

O el Maestro pudo haber respondido señalando la oración de Josué, Jefté o, claro, Jabes. Pero no lo hizo. Jesús sabía que sus discípulos nunca entenderían apropiadamente los *ejemplos* de oración sin primero entender los *principios* de la oración. Y esa es, exactamente, la razón por la que nos dio la oración de Jesús.

No nos dio una oración mágica, sino nos dio un modelo de oración. Y los discípulos lo aprendieron muy bien. Por cierto, aun una lectura superficial de las epístolas nos muestra cuán bien lo hicieron. ¡Tan bien, que en unos pocos años tenían al Imperio Romano patas arriba! Así como la oración de Jesús revolucionó sus vidas, puede también transformar la suya.

Permítame hacerle una pregunta. ¿Estaba Pedro hablando por usted cuando pidió: «Señor, enséñanos a orar, pero enséñanos *ya*»? ¿Tendrá Jesús toda su atención? Continúe leyendo y descubra el primer secreto de orar a la manera de Jesús.

Capítulo Dos

❧

El secreto

Mas tú, cuando ores, entra en tu aposento, y cerrada la puerta, ora a tu Padre que está en secreto; y tu Padre que ve en lo secreto, te recompensará en público.

MATEO 6.6

Todos queremos conocer el secreto: el secreto para un matrimonio exitoso; el secreto para criar hijos felices; el secreto para hacerse millonario en Wall Street; el secreto para tener un cuerpo escultural. La lista es interminable. Tengo que confesar que yo también he andado en busca de un secreto: ¡el secreto de jugar al golf como Tiger Woods! Aunque el golf me ha dado muchas satisfacciones a través de los años, también me ha sido extremadamente frustrante. A veces me parece que estoy a punto de establecer un nuevo record. Otras veces me pregunto cómo fue que se me ocurrió hacer de este deporte mi pasatiempo favorito.

Dado mi amor por el golf, usted se puede imaginar que cuando oí que Tiger Woods y su entrenador, Butch Harmon iban a hablar del secreto de su éxito en el programa *Golf Talk Live* me dispuse a brindarles toda mi atención. Pensé que esa era la oportunidad de mi vida de aprender el secreto del golf de uno de los más grandes golfistas del planeta. Tengo que confesar que no dejé de especular sobre cuál sería el secreto. Quizás la nueva pelota marca Nike que estaba usando Tiger. Quizás fuera que el nuevo contrato que había firmado le permitía jugar sin ningún tipo de presiones. O quizás que su entrenador había hecho algún arreglo con alguien, el que mantenía en secreto para todos, excepto para Tiger.

Todavía puedo recordar la expectación con que encendí el televisor el día del programa y me dispuse a esperar para oír «el secreto». Dentro de unos minutos, sin embargo, mis esperanzas se hicieron trizas cuando Tiger y su entrenador hicieron claro como el cristal que en el golf no había secretos. A medida que la entrevista avanzaba, supe que incluso alguien tan talentoso como Tiger tenía que pasar meses golpeando miles de pelotas de golf para lograr la más leve mejoría en su estilo. Pero lo más importante que aprendí fue que Tiger Woods amaba más el tiempo que pasaba a solas practicando que las luces de las cámaras o el rugir aprobatorio de las multitudes.

El secreto para orar es orar en secreto.

Mientras yo escribía, Tiger se encontraba a punto de realizar la hazaña más rara en el golf profesional. En unos momentos, haría historia como el único jugador de la era moderna en lograr los cuatro títulos más importantes de una sola vez. Ken Venturi, que transmitía el Abierto de los Estados Unidos se veía aturdido mientras mascullaba en su micrófono: «¡Algo que nunca soñé que alguna vez vería o que alguien llegaría a lograr! ¡Sin duda esta es la hazaña más grande que alguien haya alcanzado jamás en cualquier deporte!» Al dar Tiger con éxito el último golpe, Venturi exclamó: «¡Hemos sido testigos de un milagro!»

Cuando entrevistaron a Tiger, sin embargo, se hizo evidente otra cosa. No había sido un milagro. Él acababa de hacer en público lo que había venido practicando en privado. En ese preciso momento estaba hablando de un golpe en el hoyo treceavo que había sido crucial para su victoria. Decía: «Fue un golpe que había venido practicando en el último par de meses, sabiendo que probablemente habría de necesitar ese tiro».[1] Yo estaba maravillado mientras lo escuchaba. ¿Se imagina practicando un golpe no solo durante días o semanas, sino durante meses? De pronto, me di cuenta que Tiger estaba reiterando el mismo principio que había mencionado anteriormente en el programa *Golf Talk Lives*. Y en el proceso, de nuevo estaba revelando el secreto de su éxito.

EL SECRETO DE ORAR ES ORAR EN SECRETO

El éxito de Tiger en el *Máster* se atribuía directamente a las miles de horas que había pasado practicando en secreto el juego que amaba. Su actuación en público estuvo determinada por su práctica en privado. De igual manera, la oración en privado de los cristianos determinará su vida en público, no a la inversa. Nunca debería orarse por la aclamación aprobatoria de las multitudes sino por la aprobación de nuestro Padre que está en el cielo. Como Jesús tan elocuentemente lo dijo: «Y cuando ores, no seas como los hipócritas; porque ellos aman el orar en pie en las sinagogas y en las esquinas de las calles, para ser. vistos de los hombres; de cierto os digo que ya tienen su recompensa. Mas tú, cuando ores, entra en tu aposento, y cerrada la puerta, ora a tu Padre que está en secreto; y tu Padre que ve en lo secreto te recompensará en público» (Mateo 6.5-6). El secreto de orar es orar en secreto.

Jesús proveyó el ejemplo máximo. Como lo dice el doctor Lucas, él a menudo «se apartaba a lugares desiertos, y oraba» (Lucas 5.16). A diferencia de los líderes religiosos de su día, no oraba para ser visto por los hombres. Oraba porque disfrutaba del compañerismo con su Padre. Los hipócritas logran su recompensa a través de las oraciones en público. Seguramente cuando están orando las personas los consideran verdaderos gigantes espirituales, pero cuando terminan de orar, han recibido todo lo que su oración produjo, y nada más.

Empapados en prácticas religiosas, estos hipócritas diezmaban, ayunaban y recorrían «tierra y mar» para ganar convertidos. Y hasta oraban. ¡Y cómo oraban! Oraban públicamente en las sinagogas y en las esquinas de las calles. Incluso usaban pequeños estuches en sus frentes que contenían sus oraciones favoritas. Pero la motivación de ellos no era estrechar sus vínculos con Dios sino ser vistos por los hombres. Estos, dijo Jesús, «ya han recibido su pago».

LA ORACIÓN DE JESÚS

LA ORACIÓN TIENE SU PROPIA RECOMPENSA

Para Tiger, el hecho de jugar al golf es ya su propia recompensa. Es obvio que él ama el *proceso* más que el *premio*. Para los cristianos, la oración debería tener su propia recompensa. La oración no es una fórmula mágica para obtener cosas de Dios. Comunicarse con Dios en oración es en sí el premio. Como lo explica Philip Graham Ryken: «El premio de la oración en secreto es la oración misma, la bendición de descansar en la presencia de Dios. La oración no simplemente *mantiene* la vida cristiana sino que *es* la vida cristiana reducida a su más pura esencia. ¿Podría haber gozo más grande en este mundo o en el venidero que hablar en el lugar secreto con el Dios viviente?»[2] La tragedia del cristianismo contemporáneo es que medimos el éxito de nuestra vida de oración por el tamaño y alcance de nuestros logros en lugar de por la fuerza de nuestra relación con Dios. Demasiado a menudo estamos concentrados en nuestro exterior mientras que Dios se preocupa de nuestro interior.

¿Por qué los atletas modernos sufren de tantas adicciones? ¿Será que están demasiado concentrados en la baratija del éxito exterior pero interiormente están vacíos? ¿Por qué tantos líderes cristianos sucumben ante los vicios o las relaciones ilegales? ¿Será que sus adulterios fluyen de logros externos desprovistos de una conexión interior con Dios a través de la oración? ¿Será que la apatía espiritual de sus almas los hace vulnerables a los apetitos derivados de la carnalidad?

La oración no simplemente **mantiene** *la vida cristiana,* **es** *la vida cristiana…*

Como bien ha dicho Calvin Miller: «La ausencia de un estado interior es la libertad perdida que cambiamos por adicciones. Pascal tenía razón. En nuestras vidas hay un vacío con la forma de Dios que solo Dios puede llenar… Cuando Dios llena nuestro vacío interior con su Espíritu Santo, la vida funciona. Cuando Dios no es quien llena ese vacío, una multitud de apetitos trepan por nuestras mejores intenciones».[3] Y Miller añade: «Todo esto contribuye a una forma de impotencia que resulta de vivir demasiado distantes del Gran Capacitador. Cuando no damos lugar a la dirección de Cristo, todo lo que queda es una agenda frenética de un discipulado dañado. Lo triste de todo esto es que el verdadero discipulado nunca puede ser frenético, porque emula a su Maestro y se aleja de cualquiera turbulencia para manifestar una devoción estable y una adoración silenciosa».[4]

La idea en los Estados Unidos de que «mientras más grande es mejor» ha invadido nuestra subcultura cristiana y nos ha seducido para que busquemos el éxito inmediato a través de una oración mágica. Con demasiada frecuencia los líderes cristianos consiguen muy poco por sus oraciones en favor de la gente. Como seres humanos nos gustan las fórmulas instantáneas, pero Dios quiere mantener un compañerismo íntimo con sus hijos. Miller dice: «Queremos orar por un carro flamante en la mañana y que nos lleve a la iglesia por la noche. Pero rara vez oramos pidiendo fuego y abrimos nuestros ojos para encontrar una caja de fósforos a la mano».[5]

Los ruidos del trueno y el brillo de los rayos es algo que no ocurre con frecuencia. Es bueno comenzar de forma pequeña y callada. No es necesario decírselo a los amigos y conocidos. No se necesita planear heroicos ayunos o vigilias de toda la noche... la oración no es ni para impresionar a los demás ni para impresionar a Dios. No es para que se la tome con mentalidad de éxito. En la oración, la meta es negarse a uno mismo.[6]

El secreto

La oración no solo tiene su propia recompensa, sino que la oración en secreto siempre es recompensada por una respuesta de Dios. Aunque es posible que la respuesta que obtengamos no siempre sea la que esperamos, siempre es la mejor respuesta. Una historia que en cierta ocasión me contó Joni Earechson Tada ilustra adecuadamente este punto. Treinta años atrás, debido a un accidente mientras se bañaba, Joni quedó cuadrapléjica. Mientras permanecía en un centro geriátrico de una institución del estado en Maryland, pudo escuchar durante horas a sus amigos leyéndole historias de las Escrituras. Una de sus favoritas era la de un hombre que había sido inválido por treinta y ocho años y a quien Jesús encontró junto al estanque de Betesda y lo sanó.

Como resultado de esa historia, Joni empezó a imaginarse a ella misma junto al estanque de Betesda. Durante horas rogó a Dios por un milagro de sanidad pero le parecía que Dios no estaba dispuesto a contestar su oración. Treinta años después, sin embargo, durante un viaje que hizo a Jerusalén con su esposo Ken, recibió una revelación de parte de Dios. Guiando su silla de ruedas por la Vía Dolorosa, dobló a la izquierda en la puerta de las ovejas, pasó junto a la iglesia de Santa Ana y llegó al estanque de Betesda. Todo se veía seco, lleno de polvo y ruinas. La mente de Joni retrocedió treinta años cuando se imaginó acostada sobre una esterilla junto a ese mismo estanque y lugar. De pronto, como un rayo que cruzara el cielo azul, fue sacudida por el pensamiento de que Dios no le había dado la respuesta que ella había estado esperando, pero le había dado una mejor. Emocionada, empezó a darle gracias por *no* haberla sanado. Milagrosamente, Dios había hecho de su silla de ruedas su lugar secreto. Aquel día, Joni pudo haber gritado: «¡Oh, silla de ruedas, yo te bendigo!» Por haber estado prisionera en su silla de ruedas, fue que ella aprendió el secreto de la oración en secreto.

Incapaz de correr por aquí y por allá con extremidades perfectamente formadas, Joni pasó horas practicando los principios de la oración. Y al hacerse su vida más rica y profunda, fue capacitada para bendecir a multitudes con la abundancia de una vida pasada en el lugar secreto. Fue en su lugar secreto donde descubrió que había cosas más importantes que poder caminar. Y a medida que su intimidad con su Creador aumentaba, aprendió a bendecir la cruz que moldeó su carácter.

RECOMPENSAS ETERNAS

Finalmente, la oración lleva a recompensas en la eternidad. El mensaje de Cristo es claro como el cristal. En lugar de buscar las vanidades terrenales, como la admiración de los hombres, deberíamos preocuparnos por las verdades eternas como la aprobación del Maestro. Él advirtió a sus seguidores que no hicieran «tesoros en la tierra, donde la polilla y el orín corrompen, y donde ladrones minan y hurtan» (Mateo 6.19). En lugar de eso, dijo Jesús, «haceos tesoros en el cielo, donde ni la polilla ni el orín corrompen, y donde ladrones no minan ni hurtan» (v. 20). Las recompensas por una vida fiel de oración en el lugar secreto no solo significan responsabilidades ampliadas sino capacidades espirituales mejoradas. Así como la capacidad para disfrutar la música es mucho mayor cuando tocamos algún instrumento musical, lo que hacemos aquí y ahora aumentará grandemente nuestra capacidad de disfrutar de la eternidad.

En lugar de buscar las vanidades terrenales, como la admiración de los hombres, deberíamos preocuparnos por las verdades eternas como la aprobación del Maestro.

En nuestra cultura de comida rápida siempre estamos buscando alguna gratificación que sea inmediata. Una cacofonía de voces nos promete arreglos rápidos y curas instantáneas cuando en realidad no hay nada de eso. El secreto para un matrimonio feliz se encuentra en el tiempo que pasamos desarrollando una relación con nuestra esposa o esposo. El secreto de criar hijos es una función de la calidad y la cantidad de tiempo que pasamos interactuando con ellos. El secreto de una inversión exitosa está directamente relacionado con la forma en que conocemos los fundamentos de la compañía con la cual estamos invirtiendo. El secreto para tener un cuerpo escultural es la comida y el ejercicio apropiados. El secreto de Tiger para dominar el golf es las miles de horas que pasa practicando los fundamentos. Y el secreto de orar es la oración en secreto.

Capítulo tres

❦

Su Padre sabe

Y orando, no uséis vanas repeticiones, como los gentiles, que piensan que por su palabrería serán oídos. No os hagáis, pues, semejantes a ellos; porque vuestro Padre sabe de qué cosas tenéis necesidad, antes que vosotros le pidáis.

Mateo 6.7-8

Hace unos sesenta años, un famoso personaje ficticio de nombre Jabez Stone ganó el Oscar con la película *The Devil and Daniel Webster* [El diablo y Daniel Webster]. Stone no era malo, pero parecía el hombre más desafortunado de todo New Hampshire. A diferencia de aquellos que tienen el toque de Midas, todo lo que él tocaba se convertía en arena entre sus dientes. Un día, las cosas llegaron a un extremo insoportable. Se le rompió el arado, se le enfermó el caballo, sus hijos cayeron en cama enfermos de sarampión, su esposa se puso mala y él se hizo una herida en una mano. Aunque Stone era religioso, aquel día decidió venderle su alma al diablo a cambio de un poco de éxito en la vida.

El diablo se vio obligado, a expensas de su alma, a prometer a Stone prosperidad durante siete años. Exteriormente, la vida de Stone se vio inundada de buena fortuna. Interiormente, sin embargo, su espíritu empezó a marchitarse y a morir. Estaba a punto de ganar todo el mundo, pero de perder su alma. Cuando vi la película y leí la famosa historia de Stephen Vincent Benét sobre la cual se basaba la película, no pude sino pensar en las palabras de Jesús: «Necio, esta noche vienen a pedirte tu alma» (Lucas 12.20).

Como Stone, todos nosotros hemos sido tentados a buscar un atajo para alcanzar el éxito. Y nunca esto es más cierto que cuando se trata de nuestra vida de oración. Deseamos desesperadamente la buena fortuna. Queremos una fórmula que sea capaz de abrir las ventanas de los cielos y deje caer sobre nosotros las bendiciones como si fuera lluvia. Si queremos lograr esto inmediatamente, a menudo nuestras oraciones se parecen demasiado a los ruegos de los incrédulos quienes, constantemente preocupados, dicen: «¿Qué comeremos, o qué beberemos, o qué vestiremos?» (Mateo 6.31).

Así, antes que Jesús introdujera a sus discípulos en los principios de la oración a través de la más hermosa, simétrica y majestuosa de las oraciones bíblicas, les advierte contra orar como lo hacen los incrédulos. La última cosa que Él quiere que sus discípulos hagan es transformar la oración que está a punto de enseñarles en lo que la Biblia denomina «vanas repeticiones» (Mateo 6.7). Por eso, Jesús les dice: «Y orando, no uséis vanas repeticiones, como los gentiles, que piensan que por su palabrería serán oídos. No os hagáis, pues, semejantes a ellos; porque vuestro Padre sabe de qué cosas tenéis necesidad, antes que vosotros le pidáis» (vv. 7-8).

Como padre de ocho hijos, le puedo decir que a veces sé de qué tienen necesidad mis hijos antes que me lo pidan. Sin embargo, lo que yo como padre terrenal solo sé a veces, nuestro Padre eterno lo sabe siempre. No hay necesidad de repetir las oraciones como un rezo ni aburrir a Dios diciendo las mismas oraciones una y otra vez. Él ya sabe lo que necesitamos antes de pedírselo nosotros.

Esta afirmación de Jesús inevitablemente nos lleva a una pregunta: ¿Por qué fastidiar con oraciones si Dios sabe de lo que tenemos necesidad antes que se lo pidamos? Me temo que la razón para que esta pregunta se haga con tan-

❧

Si queremos desarrollar un fuerte vínculo con nuestro Creador, debemos comunicarnos continuamente con Él.

ta frecuencia es que hemos sido condicionados a pensar que la súplica es la suma y sustancia de la oración. La oración de Jabes, ahora en los labios de multitudes, es un ejemplo de súplica.

Es lindo pedirle a Dios que me bendiga para que yo pueda ser de bendición para otros; que «extienda mis límites» para que pueda alcanzar a otros para su reino; que su mano sea sobre mí de modo que pueda guiarme a través de los retos de la vida por su control soberano y no por el azar. Y que me libre de peligros y de dolores. La oración, sin embargo, no es simplemente un medio por el cual presentamos nuestros ruegos sino que es la forma de buscar una relación permanente con nuestro Padre celestial.

Mientras escribo, pasa por mi mente la letra de una canción del oeste interpretada por Paul Overstreet, cantante y compositor ganador de un Grammy.

«¿Cuánto te debo», dijo el hombre a su Señor,

«por darme este día y todos los días que he vivido?

¿Te construiré un templo, haré un sacrificio?
Dímelo, Señor, y yo estaré dispuesto a pagar lo que
    sea».
Y el Señor le dijo:
«No quiero nada más que tu amor, tu dulce amor.
Nada más que tu amor.
Todos los tesoros de este mundo no serían
    suficientes,
Y yo no quiero nada más que tu amor».[1]

Lo que se plantea aquí no solo es la relación entre un hombre y su Dios, sino la relación de un esposo con su esposa y de una madre con su hijo. Es la relación que se fundamenta no solo en dar y obtener, sino en el amor y en la comunicación.

El que a menudo sepa lo que mis hijos me van a pedir antes que abran la boca no significa que no quiera que me pidan. Al contrario, anhelo que ellos me comuniquen sus pensamientos y sentimientos. Así es como nuestra relación florece y se desarrolla. De igual manera, si queremos llegar a tener un fuerte vínculo con nuestro Creador, debemos comunicarnos permanentemente con Él. Y la oración es la forma básica de hacerlo. Una buena manera de priorizar los principios de tal comunicación a través de la oración se puede encontrar en el acrónimo F-A-C-A-S.[2]

FE

La fe es solo tan buena como el objeto en el cual está puesta. En otras palabras, el objeto de la fe es lo que hace que la fe sea fiel. El secreto no está en las frases que decimos sino en llegar a conocer a plenitud a Aquel a quien oramos. Como Dios se revela impresionantemente en su Palabra, la oración de fe debe estar siempre fundamentada en las Escrituras. La oración adquiere un mayor sentido cuando entramos en una relación con Dios mediante Cristo. Cuando esto ocurre, podemos edificar sobre tal fundamento al saturar nuestras vidas con la Escritura. Como tan bien lo expresa R.A. Torrey:

> Para orar la oración de fe debemos, primero que todo, estudiar la Palabra de Dios, especialmente sus promesas, hasta encontrar lo que es la voluntad de Dios ... No podemos creer solo tratando de creer por nosotros mismos. Esa creencia no es fe sino credulidad; es algo que «predispone a creer». La garantía para una fe inteligente es la Pa-

labra de Dios. Como Pablo lo dice en Romanos 10.17: «La fe es por el oir, y el oir, por la palabra de Dios».[3]

Jesús resumió la oración de fe con estas palabras: «Si permanecéis en mí, y mis palabras permanecen en vosotros, pedid todo lo que queréis, y os será hecho (Juan 15.7).

ADORACIÓN

La fe en Dios conduce naturalmente a la adoración. La oración sin adoración es como un cuerpo sin alma. No solo está incompleto, sino que en realidad no funciona. Mediante la adoración expresamos nuestra autenticidad, nuestro amor sincero y nuestras ansias por Dios. Inevitablemente, la adoración conduce a la alabanza y a la adoración, ya que nuestros pensamientos están concentrados en la grandeza inconmensurable de Dios. Las Escrituras son un vastísimo tesoro rebosante de descripciones sobre la grandeza y gloria de Dios. En particular los Salmos pueden transformarse en oraciones de adoración apasionadas.

Venid, adoremos y postrémonos;
Arrodillémonos delante de Jehová nuestro
    Hacedor.

Porque él es nuestro Dios;
Nosotros el pueblo de su prado,
y ovejas de su mano.

—SALMOS 95.6-7

CONFESIÓN

Los salmos no solo abundan en ilustraciones de adoración, sino además, están repletos de exclamaciones de confesión. Aquellos que son redimidos por la persona y obra de Cristo son declarados justos delante de Dios. En términos prácticos, sin embargo, seguimos siendo pecadores que pecamos todos los días. Aunque los pecados no confesados no afectan nuestra *unión* con Dios, sí rompen nuestra *comunión* con Dios. Por eso, la confesión es un aspecto determinante en la oración diaria.

El concepto de confesión conlleva el reconocimiento de que ante el tribunal de justicia de Dios somos culpables. Delante de Dios no hay lugar para la hipocresía. Solo podemos desarrollar intimidad con el Señor mediante la oración cuando confesamos nuestra necesidad de perdón y humillados pedimos que nos perdone. El apóstol Juan resume este pensamiento en forma hermosa cuando escribe: «Si confesamos nuestros pecados, él es fiel y justo para perdonar nuestros pecados, y limpiarnos de toda maldad» (1 Juan 1.9).

AGRADECIMIENTO

Nada, y cuando digo nada quiero decir nada, es más importante cuando oramos que la gratitud. Las Escrituras nos enseñan: «Entrad por sus puertas con acción de gracias, por sus atrios con alabanza» (Salmos 100.4). No hacerlo transforma la oración en simple palabrería y en un cristianismo carnal. Los incrédulos, dice Pablo, saben de Dios, pero «no le glorificaron como a Dios, *ni le dieron gracias*» (Romanos 1.21, énfasis añadido).

De igual manera, los cristianos carnales no agradecen regularmente a Dios por sus múltiples bendiciones. Sufren por lo que podría describirse como recuerdos selectivos y viven según sus sentimientos en lugar de por fe. Tienden a olvidar las bendiciones de ayer mientras desagradecidos abarrotan el trono de gracia con nuevas peticiones cada día.

Esto, según el apóstol Pablo, es bastante diferente a como tiene que ser nuestra oración. Debemos acercarnos a Dios «abundando en acciones de gracias» (Colosenses

2.7) mientras nos dedicamos «a la oración, velando en ella con acción de gracias» (4.2). Tal acción de gracias es una acción que fluye de la seguridad de que nuestro Padre celestial sabe exactamente lo que necesitamos y nos lo dará. Así, Pablo dice que debemos «estar siempre gozosos; sin cesar; dad gracias en todo, porque esta es la voluntad de Dios para con vosotros en Cristo Jesús» (1 Tesalonicenses 5.16-18; véase Efesios 5.20).

SÚPLICA

Antes que entremos a analizar el lugar y las prioridades de la súplica, revisemos rápidamente los aspectos de la oración que hemos tocado hasta aquí. Empezamos notando que la oración comienza con una fe humilde en el amor y los recursos de nuestro Padre celestial. Orar así llega a ser una forma a través de la cual aprendemos a apoyarnos más en Él y menos en nosotros. Inevitablemente, tal fe lleva a la adoración al expresar nuestro anhelo de una relación más profunda y rica con Aquel que nos formó en el vientre de nuestras madres. Mientras más lo conocemos en la plenitud de su majestad, más inclinados nos sentimos a confesar nuestra indignidad y a darle gracias no solo por su gracia salvadora y santificadora, sino también por su bondad en suplir todas nuestras necesidades.

Es en el contexto de tal relación que Dios desea que sus hijos traigan sus peticiones ante su trono de gracia con alabanza y acción de gracias. Después de todo, fue Jesús mismo quien nos enseñó a orar: «Danos hoy nuestro pan cotidiano». Y al hacerlo, debemos ser cuidadosos del hecho de que el propósito de la súplica no es presionar a Dios para que nos dé provisiones y deleites, sino más bien conformarnos a sus propósitos. Como leemos en 1 Juan 5.14-15: «Y esta es la confianza que tenemos en él, que si pedimos alguna cosa *conforme a su voluntad*, él nos oye. Y si sabemos que él nos oye en cualquier cosa que pidamos, sabemos que tenemos las peticiones que le hayamos hecho» (énfasis añadido).

ENTONCES, ¿PARA QUÉ ORAR?

Esto nos lleva de nuevo a la pregunta que planteábamos antes: Si Dios sabe de lo que tenemos necesidad antes que le pidamos, ¿para qué molestarlo? Mi respuesta inicial fue recordar que la súplica no es solo la suma y sustancia de nuestras oraciones. Lejos de ser meramente una manera

❧

Siempre debemos ser cuidadosos del hecho de que el propósito de la súplica no es presionar a Dios para que nos dé provisiones y deleites, sino más bien conformarnos a sus propósitos.

de presentar a Dios nuestras peticiones diarias, es la búsqueda de una relación dinámica con Él.

Además, debemos notar que Dios ordena no solo los finales sino también los medios. Así, preguntar: «¿Para qué orar si Dios ya sabe de lo que tenemos necesidad?» equivale a preguntar: «¿Para qué vestirnos por las mañanas para ir al trabajo?» En tal caso, si Dios de todas maneras va a hacer lo que va a hacer, ¿para qué molestarnos haciendo algo? Como lo dijo en cierta ocasión C.S. Lewis: «¿Por qué, entonces, no argumentamos como los oponentes a la oración lo hacen y decimos que si lo que se espera es bueno, Dios hará que ocurra, sin interferencias, y que si es malo, Él evitará que ocurra, hagamos lo que hagamos? ¿Para qué lavarse las manos? Si Dios quiere que estén limpias, estarán limpias sin necesidad de lavárselas. Si él no lo quiere así, van a estar sucias (como le pasó a Lady Macbeth)[4] por más jabón que usemos. ¿Para qué pedir sal? ¿Para qué ponerse las botas? ¿Para qué hacer nada?»[5] Lewis da la respuesta:

Su Padre sabe

Sabemos que podemos actuar y que nuestras acciones producen resultados. Todo el que cree en Dios debe, por lo tanto, admitir (aparte del asunto de orar) que Dios no ha decidido escribir toda la historia con su propia mano. La mayoría de lo que ocurre en el universo está fuera de nuestro control, pero no todo. Es como un juego en el cual el espectáculo y el esbozo general de la historia son fijados por el autor, pero ciertos detalles menores son dejados a la improvisación de los actores. Puede ser un misterio por qué nos deja a nosotros provocar acontecimientos reales, pero no es extraño que nos deje hacerlos por medio de la oración más que por cualquier otro método.

Él nos da a nosotros, pequeñas criaturas, la dignidad de poder contribuir al curso de los acontecimientos en dos maneras diferentes. Hizo la materia del universo de tal manera (hasta cierto punto, claro está) que nosotros pudiéramos contribuir en algo a él. Esta es la razón de por qué podemos lavarnos las manos, alimentar o matar a nuestros semejantes. De igual manera, hizo su propio plan o trama de la historia de tal forma que hubiese algún grado de movimientos libres para que algunas cosas pudieran modificarse en respuesta a nuestras oraciones.[6]

Luego Lewis explica que Dios ha ordenado que el trabajo que nosotros hacemos y las oraciones que pronunciamos produzcan resultados. Si usted arranca una maleza, ya no estará más allí. Si usted bebe en exceso, va a arruinar su salud. Y si malgasta los recursos del planeta, estará acortando la vida de la historia. Hay, sin embargo, una diferencia sustantiva entre lo que pasa como resultado de nuestro trabajo y lo que pasa como resultado de nuestras oraciones. El resultado de arrancar una maleza está «divinamente garantizado y, por lo tanto, es implacable». El resultado de la oración, sin embargo, no es así. Dios se ha dejado un poder discrecional para concedernos o rechazar nuestras peticiones, sin el cual la oración podría destruirnos. Dice Lewis:

No es descabellado para un director decir: «Se pueden hacer tales y tales cosas de acuerdo con las reglas establecidas en la escuela. Pero tales y tales otras sería muy peligroso considerarlas según las reglas generales. Si ustedes quieren hacerlas tendrán que venir a mi oficina y hablar conmigo sobre eso. Después, veremos».[7]

Permítanme señalar un punto más antes de pasar a los patrones y principios de la oración que Jesús enseñó a sus discípulos. Ya que nuestro Padre sabe de lo que tenemos necesidad antes de que siquiera se lo digamos, nuestras súplicas son en sí un reconocimiento de nuestra dependencia de él. Y eso solo es razón suficiente para orar sin cesar.

Capítulo cuatro

༅

Cómo establecer nuestra relación

Padre nuestro que estás en los cielos, santificado sea tu nombre.

Mateo 6.9

Un padre criticaba duramente a su hijo por ser tan ignorante de la Biblia. «Estoy seguro que ni siquiera te sabes el Padrenuestro», le gritó sarcásticamente. «Oh, sí, claro que me lo sé», le dijo el niño, y en una actitud triunfante, le recitó: «Ahora que me iré a dormir, oraré al Señor para que me cuide. Y si muero antes de despertar, pediré a Dios que se haga cargo de mi alma». Sorprendido, el padre le dijo: «Lo siento, hijo. No creía que te lo supieras tan bien».[1]

Aunque humorística, esta historia es también un tanto trágica. Cuando me la contaron por primera vez, la verdad es que no supe si reír o llorar. Es triste pensar que, en algunos círculos, la oración del Señor o Padrenuestro ha sido reducida a una vana repetición mientras que en otros sencillamente se la ignora, pese a que es el modelo que el propio Jesús nos dejó. Aunque es probable que Él nunca la haya dicho palabra por palabra, usó cada aspecto glorioso de ella en su vida de oración personal. Así, es correcto referirse a ella como la oración de Jesús.

LA ORACIÓN QUE JESÚS ORÓ

Philip Graham Ryken dice que «se ha puesto de moda negar que el Padrenuestro sea realmente la oración *del Señor*. Y que algunos prefieren llamarla la Oración de los Discípulos porque, dicen, es probable que Jesús nunca la haya pronunciado».[2] Ryken señala, además, que están los que sostienen que Jesús nunca pudo haber orado: «Perdónanos nuestras deudas, así como nosotros perdonamos a nuestros deudores» porque, como Hombre perfecto, no tenía deudas por las cuales ser perdonado.

Detengámonos aquí y echemos otra mirada a este punto. Cristo invadió el tiempo y el espacio para asumir nuestras deudas. Por eso, «cuando Jesús murió en la cruz, ¿no pidió a su Padre, al menos con sus acciones si no con sus palabras, que perdonara nuestras deudas? Él no estaba pidiendo perdón por sus propios pecados, sino por los nuestros, los que había asumido por nosotros. Además, aun cuando estaba pidiendo a Dios que perdonara nuestras deudas, Jesús perdonó a sus deudores».[3]

Jesús también practicó los otros principios de la oración que enseñó a sus discípulos. Cuando les dijo que oraran: «Padre nuestro que estás en los cielos, santificado sea tu nombre», lo hizo porque Él mismo había orado de esa manera. En la oración más larga que se registra de Jesús, Él se dirigió a Dios como «Padre» a lo menos una media docena de veces (Juan 17). En una ocasión incluso usó la frase «Padre santo» lo cual equivale a decir «santificado sea tu nombre».

En el huerto de Getsemaní no solamente se dirigió a Dios como Padre, sino que como había enseñado a sus discípulos a orar «venga tu reino, hágase tu voluntad» oró: «si es posible, pase de mí esta copa; *pero no sea como yo quiero, sino como tú*» (Mt 26.39, énfasis añadido).

Jesús, además, aunque era el Pan de Vida, dio gracias a Dios antes de comer. Agradeció a Dios antes de alimentar a los cinco mil (Juan 6.11) y cuando partió el pan con sus discípulos durante la Última Cena (Mateo 26.26). Incluso después de su resurrección «tomó el pan y lo bendijo, lo partió, y les dio» a sus discípulos (Lucas 24.30).

🙣

La oración de Jesús no es una oración mágica sino una forma de oración.

Finalmente, Jesús enseñó a sus discípulos a orar: «Y no nos metas en tentación, mas líbranos del mal» porque Él mismo sabía que iba a ser tentado. Mateo escribe: «Entonces Jesús fue llevado por el Espíritu al desierto, para ser tentado por el diablo. Y después de haber ayunado cuarenta días y cuarenta noches, tuvo hambre. Y vino a él el tentador, y le dijo: Si eres Hijo de Dios, dí que estas piedras se conviertan en pan» (Mateo 4.1-3). De igual manera, sabiendo que el diablo habría de tentar a Simón Pedro para tratar de hacer que lo negara, Jesús oró que Pedro fuera librado del diablo y que su fe no fallara (Lucas 22.31-32).[4]

Para Jesús cada palabra que Él habló era importante. Las palabras de la oración que nos enseñó para que oráramos son tesoros de incalculable valor reposando en lo profundo de las azules aguas de un vasto océano. Como el canto de las sirenas, sus palabras son un llamado a los que bucean con sus espaldas quemadas en aguas poco profundas para que se pongan equipos de profundidad y se sumerjan a lo más hondo de las gloriosas oraciones. Allí les esperan incalculables recursos y riquezas que difícilmente podrían describirse a los que viven en la superficie. Si bien la oración de Jesús no es una oración *mágica*, es una *forma* de oración. Como tal, se la ha descrito elocuentemente como el más maravilloso de todos los modelos de oración:

Es una oración modelo y, como tal, se recomienda a sí misma aun a la mirada más superficial y se aprueba a sí misma de una vez a la consciencia del hombre. Es hermosa y simétrica como la más fina obra de arte. Las palabras son sencillas y sin adornos, no obstante son majestuosas; y tan transparentes y apropiadas que, una vez que se graban en la memoria, ninguna otra expresión se mezclará jamás con ellas; nunca nadie ha pensado sustituirlas por otras palabras. Las peticiones son serias y solemnes, pero la confianza serena y tranquila, la paz y el gozo que alientan son atractivas a cada corazón.

La Oración es breve por lo que es posible memorizarla rápidamente, recordarla y usarla con frecuencia; sin embargo, contiene todas las cosas pertinentes a la vida y a la piedad. En su sencillez parece adaptada deliberadamente a la debilidad de los inexpertos e ignorantes y aun así nadie puede decir que está familiarizado con las alturas y profundidades que revela y con los tesoros de sabiduría que contiene. Es tranquila y se adapta incluso al curso de nuestra vida diaria, y aun en tiempos de pruebas y conflictos la iglesia ha sentido su valor y poder más especialmente, ha descubierto de nuevo que anticipa cada dificultad y peligro, que resuelve cualquier problema y consuela a los discípulos de Cristo en cada tribulación del mundo.

Es la querida y venerada amiga de nuestra infancia, y crece con nuestro crecimiento, nunca falla en su consejo y compañía aun en medio de todas las situaciones cambiantes de la vida. Y a menudo en nuestras vidas tenemos que confesar, como Lutero, que solo aprender las altas y profundas lecciones de aquellas peticiones, requeriría la eternidad para darles su respuesta.[5]

PADRE NUESTRO QUE ESTÁS EN LOS CIELOS

Para los discípulos, las primeras palabras de la oración de Jesús deben haber sido poco menos que escandalosas. De todas las cosas que habían aprendido sobre la oración, ciertamente esta no fue una de ellas. No les estaba permitido pronunciar en voz alta el nombre de Dios. Solo se referían a Él como «Padre nuestro». Así es, precisamente, como Jesús enseñó a sus discípulos a orar.

Hubo, sin embargo, un atajo. Como lo explica Juan, solo los que recibían a Jesús y creían en su nombre tenían el derecho de referirse a Dios como «Padre nuestro» (véase Juan 1.12). Por cierto, Jesús aclaró que había solo dos clases de personas en el mundo: los que se referían a Satanás como «nuestro padre» y los que se referían a Dios como «Padre nuestro» (Juan 8.44-47). No hay otras opciones.

En un sentido, Jesús es el único que podría legítimamente dirigirse a Dios como Padre, porque Él es el único Hijo de Dios y lo ha sido por toda la eternidad. Sin embargo, como lo explica Pablo en Romanos 8, los que son guiados por el Espíritu de Dios ya no son más hijos ilegítimos. En lugar de eso, ellos también son hijos e hijas por adopción mediante su fe en Jesús. Así, pueden referirse legítimamente a Dios como «Padre nuestro».

Jesús continúa el patrón enseñando a sus discípulos a calificar la frase «Padre nuestro» con las palabras «en los cielos». Al decir eso, Él está enseñándonos que Dios trasciende el tiempo y el espacio. Podemos dirigirnos a Él con confianza pero nunca con imprudencia. Él es el Creador soberano, y nosotros no somos más que criaturas pecadoras. El dirigirnos a Dios como «Padre nuestro» nos hace cuidadosos de nuestra relación con Dios. También subraya el hecho de que ya no venimos a Él en aislamiento sino que lo hacemos como parte de una comunidad de fe. De esta manera, al agregar la frase «en los cielos» nos está recordando la reverencia debida a su nombre.

SANTIFICADO SEA TU NOMBRE

La petición inicial de la oración de Jesús es que el nombre de Dios sea hecho santo. Orar «santificado sea tu nombre» es poner el énfasis primero en Dios, exactamente donde debe estar. Nuestras vidas diarias deberían irradiar un compromiso mayor a la naturaleza y santidad de Dios que a nuestras propias necesidades. Orar «santificado sea tu nombre» es orar que a Dios se le dé la única reverencia que demanda su santidad; que la Palabra de Dios sea predicada sin corrupción; que nuestras iglesias sean dirigidas por pastores fieles y preservadas de profetas falsos; que nos cuidemos de usar un lenguaje que profane el nombre de Dios; que nuestras vidas se mantengan santas; y que dejemos de buscar honra para nosotros y en cambio procuremos que el nombre de Dios sea glorificado.

En las palabras de Agustín: «Esta oración se hace así no porque el nombre de Dios no fuera ya santo, sino porque los hombres deben mantenerlo santo; [en otras palabras], que Dios debe ser tan conocido a ellos que no puedan sino reconocerlo santo y tengan temor de ofenderlo».[6] Nuestros nombres

Nuestros nombres y pobres esfuerzos en el ministerio carecen de sentido a menos que el nombre de Dios sea magnificado.

y pobres esfuerzos en el ministerio carecen de sentido a menos que el nombre de Dios sea magnificado. Como ha dicho R.C. Sproul: «Donde no se respeta a Dios, es inevitable que los que proyectan su imagen en sus vidas también sean irrespetados».[7]

La verdad gloriosa de esta petición es que mientras una vez fuimos impotentes para santificar su nombre, Dios nos ha santificado a nosotros mediante el sacrificio de Aquel que nos enseñó estas palabras. Tiene que haber sido algo maravilloso cuando su luz empezó a brillar en nuestra oscuridad. Pero como a Isaías, Él ha tocado nuestros labios con un carbón encendido y ha susurrado a través de nuestro dolor: «es quitada tu culpa, y limpio tu pecado» (Isaías 6.7). El escritor puritano Thomas Watson nos asegura que mientras algunas peticiones a veces parecen selladas en el tiempo, esta es permanente:

> Cuando algunas de las otras peticiones sean inútiles y fuera de tiempo, cuando no necesitemos orar en el cielo «Danos hoy nuestro pan cotidiano», porque allí no habrá pecado; ni «No nos metas en tentación» porque la serpiente antigua no estará allí para tentar; la santificación del nombre de Dios será de gran uso y demanda en el cielo; estaremos cantando para siempre aleluyas, lo cual no es otra cosa que santificar el nombre de Dios.[8]

Capítulo cinco

৵

La ciudad de Dios

*Venga tu reino. Hágase tu voluntad, como en el cielo, así
también en la tierra.*

MATEO 6.10

VENGA TU REINO

La frase «venga tu reino» se encuentra recubierta de tal oro
y gloria que se me hace difícil saber dónde comenzar. Casi
siento como si estuviera en Disney World con mis hijos y
no supiera qué atracción es la que los emociona más. Consciente de que en unos cuantos cortos párrafos soy incapaz
de explotar todo el vasto tesoro que se encuentra almacena-
do en esta frase, no puedo sino consolarme orando que pa-
saremos el resto de nuestras vidas discurriendo a través de
sus vastedades y disfrutando de su sabiduría y riqueza.

Para mis hijos, el Reino Mágico de Disney es el cielo en
la tierra. Para mí se parece más al eterno tormento consciente. Me gusta ver las sonrisas en sus rostros pero cuando

Actualmente, nos encontramos viviendo entre el triunfo de la cruz y el final de los tiempos: entre el Día D y el Día V.

tengo que permanecer durante horas en una fila bajo un sol abrasador me pregunto si el infierno no será algo parecido. De una cosa estoy seguro, en lo que a mí respecta, el Reino Mágico de Disney no es definitivamente el cielo en la tierra.

Sin embargo, hubo un tiempo en que el cielo existió sobre la tierra. Pero no duró mucho. Los primeros seres humanos pecaron y tuvieron éxito en arruinar el planeta. El resto de la historia ha sido una guerra entre dos reinos. En *The City of God* [La ciudad de Dios], Agustín describe estos reinos como el reino de Dios y el reino del hombre. «Cada uno de estos reinos tiene su propio gobernante, su propia gente, su propio deseo y su propio destino».[1]

En el cumplimiento de los tiempos, Dios envió a su Hijo al mundo para derrotar el dominio del diablo echando fuera demonios, realizando milagros, predicando las buenas nuevas del reino que viene y, finalmente, sacrificándose Él mismo sobre una cruz. A pesar de que Jesús vino a establecer un reino eterno, sus súbditos simplemente querían un rey terrenal que derrotara a sus enemigos con la fuerza de las armas.

Por eso, cuando el Salvador dijo: «Mi reino no es de este mundo» (Juan 18.36), la exclamación de «¡Hosanna! ¡Bendito … el Rey de Israel!» (Juan 12.13) se cambió a los alaridos: «¡Fuera, fuera, crucifícale! … No tenemos más rey que César» (Juan 19.15). Querían un rey terrenal que expandiera el territorio de ellos. Jesús, sin embargo, había venido para tomar su lugar legítimo en el trono de sus vidas.

Al enseñarnos a orar «venga tu reino», Jesús nos estaba enseñando, principalmente, que pidiéramos al Padre celestial que extendiera su dominio sobre el territorio de nuestros corazones. Es una invitación a abrazar el reino de Cristo en cada aspecto de nuestras vidas. Como Stone en *The Devil and Daniel Webster* [El diablo y Daniel Webster] somos llamados a renunciar a cualquiera relación con el diablo y prometer nuestra lealtad al compromiso de ampliar su reino en lugar del nuestro.

Además, orar «venga tu reino» es orar que Dios use nuestro testimonio para la expansión de su reino. C.S. Lewis describe este mundo como «territorio ocupado por el enemigo» y al cristianismo como «la historia del rey legítimo que ha venido en forma encubierta y nos llama a todos a tomar parte en una gran campaña de sabotaje».[2]

Finalmente, orar «venga tu reino» es reconocer que Cristo ya ha ganado la guerra, pero la realidad de su reino todavía no se ha manifestado en su plenitud. Actualmente, nos encontramos viviendo entre el triunfo de la cruz y el final de los tiempos: entre el Día D y el Día V. «El Día D fue la primera venida de Cristo, cuando el enemigo fue definitivamente derrotado; el Día V es la Segunda Venida de Cristo, cuando el enemigo capitulará total y definitivamente».[3] Este punto nos lleva a hacer una comparación hipotética con la ocupación nazi de Noruega:

Hitler había ocupado Noruega, pero esta nación fue liberada en 1945. Supongamos que en una pequeña aldea casi inaccesible de las montañas un jefe nazi no supo la noticia de la liberación sino hasta varias semanas después. Durante ese tiempo, los habitantes de la aldea vivieron en la época «antigua» de la ocupación nazi en lugar de en los «nuevos» tiempos de la liberación. Cualquiera persona que vive ahora en un mundo que ha sido liberado de la tiranía de los poderes malignos, ignorando o siendo indiferente a lo que Cristo ha hecho, está precisamente en la posición de aquellos noruegos a quienes la noticia de su liberación tardó en llegar.[4]

La historia apunta hacia un final glorioso y climático cuando los reinos de este mundo llegarán a ser los reinos de nuestro Señor. Jesús no solo le enseñó al apóstol Juan a orar «venga tu reino» sino que le permitió vislumbrar ese reino cuando estuvo en la Isla de Patmos. Juan dice: «Y yo Juan vi la santa ciudad, la nueva Jerusalén, descender del cielo, de Dios, dispuesta como una esposa ataviada para su marido. Y oí una gran voz del cielo que decía: He aquí el tabernáculo de Dios con los hombres, y él morará con ellos; y ellos serán su pueblo, y Dios mismo estará con ellos como su Dios. Enjugará Dios toda lágrima de los ojos de ellos; y ya no habrá muerte, ni habrá más llanto, ni clamor, ni dolor; porque las primeras cosas pasaron» (Apocalipsis 21.2-4). En aquel día, el cielo volverá a existir en la tierra.

HÁGASE TU VOLUNTAD

Es probable que usted que lee este libro esté familiarizado con la palabra «amén». ¿Pero se ha detenido a pensar en lo que realmente significa esta palabra? Amén es una palabra reconocida universalmente y quiere decir mucho más que simplemente una firma o un «eso es todo». Con la palabra «amén» en realidad estamos diciendo: «Que todo esté de acuerdo con la voluntad de Dios». Es un recordatorio maravilloso de que cualquier asunto que incluyamos en nuestras oraciones debe comenzar con la comprensión de que la oración es una forma de ponernos en conformidad con la voluntad de Dios, que no es una fórmula mágica que nos asegura que Dios se conforma a nosotros.

Jesús es la personificación de la palabra «amén». En Apocalipsis se le llama «el Amén, el testigo fiel y verdadero, el principio de la creación de Dios» (Apocalipsis 3.14). No solo nos enseñó a orar «Hágase tu voluntad», sino que en su vida fue ejemplo del cumplimiento de estas palabras. En su sentida oración en el huerto de Getsemaní, dijo: «Padre mío, si es posible, pase de mí esta copa, *pero no sea como yo quiero, sino como tú*» (Mateo 26.39, énfasis añadido). Aunque Jesús es nuestro más grande ejemplo, ciertamente no es nuestro único ejemplo. Su hermano Jacobo advierte a los que tienen la tendencia a jactarse y a fanfarronear que sería mejor que oraran: «Si el Señor quiere, viviremos y haremos esto o aquello» (Santiago 4.15).

El amigo más cercano de Jesús durante su ministerio terrenal, el apóstol Juan, corrobora las palabras del Maestro cuando escribe: «Y esta es la confianza que tenemos en él, que si pedimos alguna cosa *conforme a su voluntad,* él nos oye» (1 Juan 5.14, énfasis añadido). De igual manera, el apóstol Pablo oró sinceramente que «por la voluntad de Dios» tuviera la oportunidad de visitar a los creyentes en Roma (Romanos 1.10) y animó a los creyentes en Roma a orar que «por la voluntad de Dios» él pudiera llegar a visitarles (Romanos 15.32).

> *Estaríamos en serios problemas si Dios nos concediera todo lo que le pedimos.*

Orar «hágase tu voluntad» es, primero que todo, un reconocimiento de la soberanía de Dios. Es como decir: «¡Gracias a Dios que este mundo está bajo su control y no del mío!» Estaríamos en serios problemas si Dios nos concediera todo lo que le pedimos. La verdad es que no sabemos lo que es mejor para nosotros. Como bien lo dice el Dr. Gordon Fee: «Nuestra petición está basada en nuestro propio y limitado conocimiento y a menudo todo es coloreado por nuestro propio interés. No podemos sino alabar a Dios porque no responde a todas las oraciones que le hacemos «en fe». Ezequías, después de todo, consiguió

ﺼ

La tragedia no es morir joven, sino vivir mucho y nunca usar la vida en cosas de valor eterno.

respuesta a su oración y dispuso de quince años de vida extra, pero fue en ese período que nació Manasés».[5]

Si Ezequías hubiese sabido, como lo sabía Dios, que en esos quince años adicionales de su vida sería padre del rey más perverso en la historia de Judá, habría puesto su reino a disposición de los babilonios y habría muerto finalmente con su corazón lleno de orgullo, posiblemente hubiese agregado estas palabras a su oración: «De todas maneras, que no se haga mi voluntad sino la tuya».

Además, orar «hágase tu voluntad» es un reconocimiento diario de que nuestras voluntades deben ser sometidas a su voluntad. Uno de los pensamientos más reconfortantes que puede penetrar en una mente humana rendida a la voluntad de Dios es que el que nos ha creado también sabe qué es lo mejor para nosotros. Así, si andamos según su voluntad, en lugar de querer hacer que Él se ajuste a nuestras propias voluntades, tendremos sin duda, como lo prometió, no una panacea, sino paz en medio de la tormenta.

En la vida entregada hay una gran paz al saber que

Aquel que nos enseñó a orar «hágase tu voluntad» tiene cada detalle de nuestras vidas bajo su control. No solo es el objeto de nuestra fe, sino que es también el originador de nuestra fe. Sin duda, es el originador de nuestra salvación y también de nuestras oraciones. Así, por lo que sea que oremos, ya sea por sanidad o por una casa, cuando nuestra voluntad está en armonía con su voluntad, recibiremos lo que hemos pedido un cien por ciento del tiempo.

Además, cuando oramos diligentemente, como lo hizo Jesús, «que no se haga mi voluntad sino la tuya», podemos descansar seguros de que aun en la enfermedad o en medio de una tragedia «a los que aman a Dios, todas las cosas les ayudan a bien, esto es, a los que conforme a su propósito son llamados» (Romanos 8.28).

Finalmente, orar «hágase tu voluntad» es reconocer diariamente que Dios no nos hace pasar por pruebas y tribulaciones sino que usa el horno ardiente para quitarnos las impurezas de nuestras vidas. Charles Haddon Spurgeon, conocido como el Príncipe de los Predicadores, sufrió de gota, una enfermedad que le provocaba terribles dolores.

En un sermón publicado en 1881, escribió: «¿Estuvieron alguna vez, queridos amigos, en el crisol? Yo he estado allí, y mis sermones conmigo ... El resultado es que logramos una apreciación verdadera de las cosas [y] somos lanzados a un nuevo y mejor estilo. ¡Y, oh, casi desearíamos pasar por el crisol si vamos a ser despojados de la escoria, si vamos a ser purificados y si vamos a ser más como es nuestro Señor!»[6]

Spurgeon no vivió una vida larga ni saludable. Ciertamente, acostumbraba a decir que lo tenía todo menos salud. Murió a los 57 años, pero mientras vivió, hizo que su vida valiera la pena. Es el predicador más leído de la historia. Su serie de sermones sigue siendo la colección más grande escrita por una sola persona en la historia de la iglesia cristiana. La vida de Spurgeon es un testimonio elocuente de que la tragedia no es morir joven, sino vivir mucho y nunca usar la vida en cosas de valor eterno.

Finalmente, este es el mensaje del libro de Job. Job soportó más tragedias en un solo día que lo que la mayoría de las personas experimentan a lo largo de toda su vida. Sin embargo, en la hora más oscura, Job pudo pronunciar estas sublimes palabras de fe: «aunque él me matare, en él esperaré» (Job 13.15). Cuando terminamos de leer esta impresionante obra maestra de la literatura, por fin entendemos. Como un refrescante vaso de agua en un día caluroso y seco, nuestra sed por respuestas es saciada. Él es soberano. Nosotros no lo somos. En este mundo tendrán aflicción (Juan 16.33). Enfermedad, corrupción, confusión, decaimiento e incluso la muerte son las consecuencias naturales de un mundo caído. Pero, como el Maestro tan elocuentemente lo dijo: «Confiad, yo he vencido al mundo». Para el hijo de Dios, la esperanza no es una salud perfecta y la felicidad completa en esta vida, sino un cuerpo resucitado y una habitación celestial en la vida que está por venir.

COMO EN EL CIELO, ASÍ TAMBIÉN EN LA TIERRA

Permítanme señalar un punto más antes de seguir adelante. Mientras oramos, debemos tener siempre presente que la frase «en el cielo» está íntimamente ligada con cada una de las tres primeras peticiones de la oración de Jesús. Empezamos por orar que el nombre de nuestro Padre que está *en el cielo* sea santificado. Continuamos orando que venga su reino a la tierra, como *en el cielo*». Y concluimos con las palabras: «Hágase tu voluntad, como *en el cielo*, así también en la tierra ».

Esto, por supuesto, no ocurre por accidente. Es un recordatorio diario de que tenemos que vivir con el cielo en mente. Al entrar a considerar las tres últimas peticiones de la oración de Jesús, en las cuales el Maestro nos enseña cómo traer nuestras peticiones a Dios, no debemos nunca perder de vista nuestras prioridades. R.C. Sproul, en su inimitable estilo, dice: «No entramos a la presencia de Dios en forma arrogante, asaltándolo con nuestras pequeñas peticiones, olvidando a quién nos estamos dirigiendo. Tenemos que estar seguros de que hemos exaltado apropiadamente al Dios de la creación. Solo después que Dios ha sido correctamente honrado, adorado y exaltado, las subsecuentes peticiones del pueblo de Dios asumen su lugar correcto».[7]

La oración de Jesús está dividida esencialmente en dos partes. La primera está enfocada en la gloria de Dios. Así, oramos: «Santificado sea *tu* nombre, venga *tu* reino, hágase *tu* voluntad». La segunda está enfocada en nuestras necesidades. «A partir de este punto estaremos orando por nosotros: por nuestra provisión, nuestro perdón y nuestra protección. Es la tercera petición la que trae la Oración del Señor a la tierra, haciendo la transición desde nuestro Padre en el cielo a sus hijos abajo en la tierra».[8] En las palabras del gran padre de la iglesia, Tertuliano:

¡Con cuánta gracia ha arreglado la Divina Sabiduría el orden de la oración; porque *después* de las cosas celestiales; es decir, después del «Nombre» de Dios, la «Voluntad» de Dios y el «Reino» de Dios, hay espacio para que se presenten peticiones por las necesidades terrenales![9]

Capítulo seis

❧

Cómo presentar nuestras peticiones

El pan nuestro de cada día, dánoslo hoy.

Mateo 6.11

¿Recuerda la escena de Lucas 11 que describí en el capítulo uno? Jesús acababa de regresar de una de sus sesiones privadas de oración, su rostro iluminado con la gloria de la presencia de su Padre. Los discípulos lo rodearon y uno de ellos, quizás Pedro, con una voz que revelaba urgencia y ansiedad dijo lo que todos estaban pensando: «Señor, cualquier cosa que hagas cuando te ausentas durante largo rato para orar, realmente queremos saber qué es».

Jesús se sonríe. Ha llegado el momento de revelar a sus discípulos los principios de la oración. Como es usual, empieza con una historia. Señalando a Pedro, dice: «Imagínate yendo a media noche a la casa de tu vecino para pedirle prestado un pan». El rostro de Tomás se ilumina con una sonrisa. No puede sino encontrar graciosa la ironía del Pan

*Pidan y se les dará;
busquen y hallarán;
llamen y la puerta se
les abrirá.*

de Vida contando una historia sobre pedir prestado un pan.

«El vecino tiene el sueño pesado», continúa Jesús, «así es que golpeas más fuerte al tiempo que gritas: "¡Despierte, vecino! ¡Necesito su ayuda! Acaba de llegar un amigo y no tengo nada que darle. La despensa está vacía"».

Jesús hace bocina con sus manos para darle más fuerza a la petición. «"¡No me moleste!", grita el vecino desde adentro. "La puerta está con llave y mis niños están durmiendo. Lo siento pero no puedo ayudarle"».

Pedro mostraba en su expresión lo que sentía al escuchar la historia. Sus pensamientos bien pudieron haber estado impresos e iluminados con letras de neón de tres pulgadas de alto sobre su frente. «¡Qué tal!», dijo para sí, «¿será que no puede o que no lo quiere ayudar?» Jacobo y Juan se hicieron gestos con picardía. *Si Pedro hubiera tocado a mi puerta en medio de la noche*, pensaron, *¡tampoco me habría levantado!*

«De cierto les digo», prosiguió Jesús, «si Pedro hubiese sido el que golpeaba a la puerta de su vecino, de seguro que habría conseguido el pan. No tanto porque se tratara de un buen vecino, sino por la persistencia de Pedro».

Los discípulos habían empezado a sentirse incómodos. No terminaban de entender lo que Jesús les quería decir.

«Por eso les digo: Pidan y se les dará; busquen y hallarán; llamen y la puerta se les abrirá. Porque el que pide, recibe; el que busca, halla; y al que llama, la puerta se le abrirá.

»Si su vecino gruñón les ofrece ayuda como resultado de su persistencia, solo para que no le sigan molestando, con cuánta más razón su Padre celestial, quien es justo y amoroso, los ayudará cuando se lo pidan».

Algunos de los discípulos habían empezado a captar el sentido de la parábola. Pedro no se pudo contener: «¡Ya entiendo!», gritó, y su voz retumbó con un eco en las montañas. «¡Tú estás estableciendo un contraste entre mi vecino gruñón y Dios!» Jacobo, Juan y el resto de los discípulos entendieron ahora con toda su fuerza el sentido de lo que Jesús estaba diciendo. Él no estaba *comparando* al vecino de Pedro con Dios. Estaba *estableciendo un contraste* entre la intolerancia del vecino y la bondad de Dios y su disposición a ayudar.

Jesús acababa de ofrecer a sus discípulos lo que se conoce como un ejemplo de menor-a-mayor para que confiaran en Dios cuando oraran. Si una persona, el vecino gruñón, *nada más que por una razón menos que noble* estuvo al fin dispuesto a ayudar a un hombre hambriento, ¿cuánto más nuestro Padre celestial responderá cuando humildemente vamos ante Él y le pidamos el pan diario?

EL PAN NUESTRO DE CADA DÍA, DÁNOSLO HOY

Jesús no quiere dejar a sus discípulos con dudas acerca de si entendieron cabalmente el punto de su parábola. Por eso sigue diciendo: «¿Qué padre de vosotros, si su hijo le pide pan, le dará una piedra? ¿o si pescado, en lugar de pescado, le dará una serpiente? ¿O si le pide un huevo, le dará un escorpión? Pues si vosotros, siendo malos, sabéis dar buenas dádivas a vuestros hijos, ¿cuánto más vuestro Padre celestial dará el Espíritu Santo a los que se lo pidan?»

Jesús ha intensificado la fuerza de su historia al pasar de una relación entre vecinos a una relación entre un padre y su hijo. Y el mensaje está empezando a hacer impacto en sus discípulos. Ellos han sido condicionados para creer que Dios era inalcanzable y que si le pedían alguna cosa, era mejor que lo pidieran de tal manera que Él pudiera oírlos.

Jesús, sin embargo, les dice que Dios cuida de ellos como un padre cuida de sus propios y queridos hijos. Cuando pedimos por cosas esenciales, tales como el pan diario, nuestro Padre celestial no va a tornar su relación con nosotros en una falacia dándonos algo que nos va a causar daño, tal como un escorpión o una serpiente. Jesús pone un signo de exclamación en la parábola para atraer la atención de sus discípulos al más grande de todos los dones: el don del precioso Espíritu Santo.

Dios promete proveer para las necesidades, pero no siempre para lo superfluo.

Como el Espíritu Santo es un don que está presente en todo, se nos recuerda también que pedir a nuestro Padre celestial que nos dé el pan de cada día incluye mucho más que el alimento. Como el gran teólogo del siglo dieciséis Martin Chemnitz dijo en una ocasión: «La palabra "pan" en esta petición incluye todas las cosas pertenecientes y necesarias para el sustento de este cuerpo y vida».[1]

Chemnitz subraya el hecho de que bíblicamente la palabra «pan», en el contexto de la oración de Jesús, puede entenderse correctamente en un sentido más amplio como «todas aquellas cosas que se requieren para el necesario, apacible y sincero orden de esta vida. Esto se aplica a la nación, a la familia, a la productividad de la tierra, al uso del tiempo y mucho más».[2] Nótese con cuidado la palabra «necesario». Dios promete proveer para «las *necesidades*, pero no siempre para lo *superfluo*».[3] Y en tal entendido es que debemos pedir. Deberíamos orar con Agur, el hijo de Jaqué: «Vanidad y palabra mentirosa aparta de mí; no me des pobreza ni riquezas; manténme del pan necesario; no sea que me sacie, y te niegue, y diga: ¿Quién es Jehová? O que siendo pobre, hurte, y blasfeme el nombre de mi Dios» (Proverbios 30.8-9).

Además, cuando pedimos a nuestro Padre celestial: «el pan nuestro de cada día, dánoslo hoy», estamos orando en plural. No sólo oramos por las necesidades de nuestra familia inmediata, sino también oramos por las necesidades de nuestra familia extendida. No estamos orando como simples individualistas insensibles, sino como miembros de una comunidad de fe. No tenemos más que encender el televisor para ver cómo nuestros hermanos y hermanas alrededor del mundo sufren diariamente de males que van desde sequías a enfermedades mortales. Lamentablemente, estas imágenes se borran de nuestras mentes antes de la interrupción del siguiente anuncio publicitario.

Hace solo unos momentos terminé de servirme una comida que había comprado en el restaurante *California Pizza Kitchen*. Todo lo que quedó fueron dos rebanadas de pan recién horneado. Como he estado escribiendo por más de una semana sin hacer ejercicio, difícilmente podría comer algo más. Así es que salí de mi oficina y di los panes a alguien que pasaba por allí. Aunque estaba lejos de ser un sacrificio, aquello sirvió para recordarme que no podemos pedir que se nos dé si nosotros no estamos dispuestos a dar.

En Lucas 12, Jesús cuenta una historia patética. Dios había bendecido ricamente a un hombre, cuyas prioridades estaban totalmente distorsionadas. Su retórica en cuanto a su fortuna estaba estrechamente ligada a su propio interés: *mis* graneros, *mis* bienes, *mis*, *mis*, *mis*. El problema no estaba en cómo había amasado su fortuna. Aparentemente todo lo que había ganado lo había ganado legítimamente. El problema estaba en que le había dicho a su alma: «Alma, muchos bienes tienes guardados para muchos años; [así es que] repósate, come, bebe, regocíjate» (v. 19). En el proceso de transformarse en un hombre próspero, se había hecho insensible a las necesidades de los demás. La condenación de Jesús no solo fue dura y clara sino que fue escalofriante. Dijo: «Necio, esta noche vienen a pedirte tu alma» (v. 20).

Finalmente, cuando Jesús enseñó a sus discípulos a orar «el pan nuestro de cada día, dánoslo hoy» les estaba recordando que Él estaba allí para sostenerlos espiritualmente tanto como físicamente. Cada vez que tomamos parte en la comunión, estamos recordando que Él es «el pan de vida» (Juan 6.35). Como tan acertadamente nos recuerda Ryken: «Cuando recibimos la comunión, el pan que está sobre la mesa es un pan físico, pero también tiene un sentido espiritual. El pan tiene un sabor a salvación. Nos recuerda el Cuerpo que se entregó por nosotros en la cruz. También tiene un sabor al reino que está por venir, cuando nos sentaremos con Jesús en su banquete eterno y comeremos el pan del cielo».[4]

Capítulo siete

❧

El Premio a la Compasión

*Y perdónanos nuestras deudas, como también nosotros per-
donamos a nuestros deudores.*

Mateo 6.12

La fecha para terminar de escribir este libro se asomaba
amenazadora en el horizonte. Para ser franco, tengo que
confesar que me sentía más que preocupado. Le había pedido a mi asistente que cancelara muchos de los compro-
misos que tenía en la agenda y que no me pasara llamadas.
Me encontraba completamente concentrado en escribir
cuando fui sacudido por el intruso sonido del teléfono.

«¿Dónde estás?», dijo una voz familiar.

«*¿Que dónde estoy? ¿Qué quieres decir con eso de dónde estoy?*», dije para mí mismo. Afortunadamente, hace tiempo
que aprendí a no expresar mis pensamientos no editados.
Mi esposa Kathy estaba al otro lado de la línea y por su
tono de voz supuse que tenía un problema.

«Estoy en la oficina, mi amor», le respondí con cautela.

«¡Se supone que deberías estar en la escuela!», me replicó con cierto tono de irritación en la voz. «Tu hija va a recibir su Premio a la Compasión».

Algo que había aprendido de Kathy a través de los años era que podía olvidarme de un aniversario o dos, pero perderme un momento monumental en la vida de uno de nuestros hijos bien podía calificarse de un pecado imperdonable.

«Allí estaré», le dije, ocultando mi creciente frustración. Salí volando de mi oficina, brinqué dentro del auto y partí raudo rumbo a la escuela. Al llegar y bajarme, mi corazón quiso detenerse. Vi a los padres y a sus hijos saliendo del auditorio. No solo me había perdido un importante acontecimiento en la vida de mi hija, sino que estaba a punto de no cumplir con la fecha en que tenía que entregar el manuscrito.

No quería imaginarme la cara de tú-tenías-que-haber-estado-aquí de Kathy. Es más, no me atrevía ni a pensar en el malestar que se reflejaría en los ojos de mi hija. Para mi sorpresa, Kathy emergió de la multitud con una alentadora sonrisa.

«Suerte la tuya», me dijo con alegría. «Filmé toda la ceremonia».

«¡Lo siento!», le dije en un tono de humildad extrema.

«No te preocupes, mi amor», replicó. «Yo sé lo ocupado que estás en estos días».

La actitud de alegría de Kathy debió de haberme hecho sentir mejor, pero no fue así. A medida que pasaban los segundos me sentía cada vez peor. ¿Cómo pude haber estado tan ocupado como para no estar presente en algo tan importante en la vida de mi hija?

Las palabras de Kathy interrumpieron mis pensamientos. «No te culpes», me dijo, captando mi remordimiento. «Anda, busca a Christina y dale un gran abrazo. En unos minutos podemos volver a tu oficina y ver la cinta juntos».

Mientras agradecía a Kathy por sus palabras de aliento, mi mente retrocedió a las horas tempranas de aquella mañana. Recordé a Christina mirándome a los ojos mientras la peinaba. Sus palabras resonaban en mi cabeza: «¿Vas a estar allí, verdad, papi? ¿Vas a ir?» De pronto me di cuenta de que no eran sus palabras las que más me dolían, sino las mías: «¡Por supuesto, mi amor!», le había dicho tranquilamente, «¡claro que voy a ir!»

No tuve que buscar mucho para encontrar a Christina. Y casi antes de que me diera cuenta, estaba en mis brazos dándome un beso en la frente. «¡Cuánto siento haberme perdido la ceremonia donde recibiste tu premio!», le dije con pena.

«Está bien, papá», me respondió, mientras me apretaba el cuello. No era necesario que dijera más. Por su mirada, era obvio que ya me había perdonado.

Estaba ansioso por ver el video, de modo que corrimos a mi oficina. Puse el casete en el equipo de video y me senté junto a Kathy en el sofá. En unos segundos, luchaba por contener las lágrimas.

La señora James, profesora de Christina, estaba diciendo: «Hay dos cosas que veo en esta niña y que creo que ameritan el Premio a la Compasión. La primera es que Christina es una fuente constante de aliento para los adultos y niños en nuestra escuela».

Dio algunos ejemplos y continuó: «Pero hay una forma en la que podemos mostrar compasión que nadie conoce sino Dios, y eso es lo que esta niña hace. Christina hace lo que Jesús nos dijo a todos que hiciéramos en Marcos 11.25, cuando dijo: "Y cuando estéis orando, perdonad, si tenéis algo contra alguno, para que también vuestro Padre que está en los cielos os perdone a vosotros vuestras ofensas". Esto es, precisamente, lo que ella hace; perdonar a quienquiera que le haga mal. Los perdona en su corazón. Lo comparte con el Señor, y cuando ora, ella sabe que sus oraciones son contestadas...» Mientras seguía mirando el video me di cuenta de que Dios también había contestado mis oraciones. Esa misma mañana, antes de salir para el trabajo, había orado por su sabiduría para cuando comenzara a escribir acerca del perdón.

Moví la cabeza mientras una sonrisa empezaba a dibujarse en mi rostro. Pensé que ir a la ceremonia de entrega del Premio a la Compasión a Christina me robaría tiempo de mi agenda relacionada con el libro que estaba escribiendo. Pero no. Dios había usado aquello para darme un ejemplo de la vida real acerca del perdón en acción.

Me volví a Kathy y le di un gran abrazo. «Gracias por ayudarme a mantener mis prioridades», le susurré.

«Es mejor que vuelvas a tu trabajo», me dijo.

Las palabras de la profesora seguían resonando en mis oídos cuando me senté a escribir. Sus comentarios acerca de la disposición de Christina de perdonar a los demás fueron un recordatorio de las palabras finales de una de las parábolas más concluyentes que Jesús haya contado a sus discípulos.

Era la historia de dos deudores. El primero le debía a su

señor unos veinte millones de dólares, más de lo que podría pagar aunque viviera mil años. El segundo le debía al primer deudor menos de veinte dólares. Cuando llegó el día de ajustar cuentas, el señor perdonó a su deudor toda la cuenta millonaria, hasta el último centavo. En lugar de estar sobrecogido de gratitud, el hombre a quien se le había perdonado mucho buscó al que le debía veinte dólares, lo agarró por el cuello y lo metió a la cárcel hasta que le pagara. Cuando el señor oyó lo que había ocurrido, su condenación fue rápida y severa. El siervo mal agradecido fue enviado a la cárcel hasta que pagara toda la deuda, es decir, para siempre.

Cuando Jesús terminó de contar esta historia, se volvió a sus discípulos y les dijo: «Así también mi Padre celestial hará con vosotros si no perdonáis de todo corazón cada uno a su hermano sus ofensas» (Mateo 18.35). Los discípulos entendieron de inmediato. Las deudas que tenemos entre nosotros son como los veinte dólares comparadas con la deuda infinita que tenemos con nuestro Padre celestial. Ya que se nos ha perdonado una deuda tan grande, es horrendamente malo siquiera pensar en no perdonar a quienes nos piden que los perdonemos. Si por un momento dudáramos en perdonar a quienes nos deben, esta parábola tendría que conmover nuestros corazones e iluminar las oscuridades de nuestras mentes.

Además, cuando oramos: «perdónanos nuestras deudas, como también nosotros perdonamos a nuestros deudores», estamos trayendo a la memoria el precio infinito que se pagó para que pudiéramos alcanzar el perdón. No debemos nunca olvidar que fue Dios mismo quien colgó de la cruz para que pudiéramos reconciliarnos con Él ahora y por la eternidad.

Multitudes han perdido contacto con esta verdad esencial debido a que tienen un concepto muy pequeño de lo depravado del corazón humano. Como un estadounidense post moderno afirmó: «El día que yo muera, no tendré más que mirar a mi Hacedor y decir: "Tómame". No "Perdóname"».[1] Karl Menninger se lamentó en una ocasión porque vivimos en un mundo yo-estoy-bien-tú-estás-bien. En *Whatever Became of Sin?*, él compara el estoy-bien en el rostro de la depravación humana con un pájaro azul en un montón de estiércol.[2] El antídoto para el estoy-bien es el quebrantamiento. Y el quebrantamiento es el mapa mediante el cual encontramos el camino de regreso a una relación de intimidad con Dios.

El rey David es la quintaesencia de los ejemplos de tal

quebrantamiento. Después que el profeta Natán lo confrontó con su pecado, él clamó:

> Ten piedad de mí, oh Dios, conforme a tu
>   misericordia;
> Conforme a la multitud de tus piedades borra mis
>   rebeliones.
> Lávame más y más de mi maldad,
> Y límpiame de mi pecado.
>
> Porque yo reconozco mis rebeliones,
> Y mi pecado está siempre delante de mí.
> Contra ti, contra ti solo he pecado,
> Y he hecho lo malo delante de tus ojos;
> Para que seas reconocido justo en tu palabra,
> Y tenido por puro en tu juicio.
>
> (Salmos 51.1-4)

Finalmente, recordé lo que ocurre cuando la oración «perdónanos nuestras deudas, como también nosotros perdonamos a nuestros deudores» llega a ser un poder transformador en nuestras vidas diarias. Después de ver el video de Christina recibiendo el Premio a la Compasión, volví a escribir sobre el perdón con renovado vigor y fuerza. El tiempo volaba. Miré al reloj y me di cuenta que era bien pasada la medianoche. Hice unos ajustes de última hora al manuscrito y me dirigí a casa.

Me deslicé por la escalera y entré de puntillas en el dormitorio.

«Hola, mi amor», me dijo Kathy desde la oscuridad. Cuando le fui a dar un abrazo, me susurró al oído: «El perdón realmente cambia las cosas».

«¿Y eso?», le pregunté. Las sábanas sonaron cuando Kathy se dio vuelta para encender la lámpara de la mesa de noche. Al suave brillo de su luz pude ver sus ojos húmedos por las lágrimas. Me pasó una hermosa nota dibujada por la mano de un niño. Debajo de un rostro sonriente dentro de un corazón leí estas palabras:

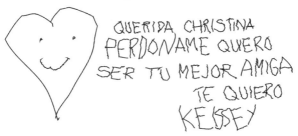

Si solo pudiéramos aprender a perdonar y a buscar ser perdo-

Las deudas que tenemos entre nosotros son como los veinte dólares comparadas con la deuda infinita que tenemos con nuestro Padre celestial.

nados con la prontitud de un niño, pensé mientras me preparaba para acostarme.

Al meterme entre las cobijas, me di cuenta de que no estábamos solos. Faith, mi hija de cuatro años, dormía acurrucada junto a su madre. La besé en la frente y sus ojos intentaron abrirse. Estiró el brazo y puso su manita en mi rostro mientras me decía: «Eres el mejor papá en todo el mundo».

«No creo que hoy yo haya sido el mejor papá del mundo», le susurré en respuesta, «porque olvidé algo muy importante».

«Lo sé», me dijo sonriendo, «pero Christina ya te perdonó».

Me sonó un poco rara la palabra «perdón» saliendo de la boca de mi hija de cuatro años hasta que recordé que ella también había estado en la ceremonia de premiación de su hermana.

«¿Perdón? ¿Qué quiere decir perdón?», le pregunté.

«Quiere decir que cuando tú dices que lo sientes, se supone que te van a decir "Está bien" y no se vuelve a hablar de eso».

Moví la cabeza, asombrado. «*De la boca de los niños y de los que maman*».

Capítulo ocho

✷

La armadura

Y no nos metas en tentación, mas líbranos del mal.

Mateo 6.13

Mi querida Jezabelzebú:

Te estoy comisionando en una asignación para una generación. He revisado a mis legiones de destrucción y te he identificado a ti como el demonio que mejor podría hacerlo. Aun tu nombre, derivado de la peor corrupción demoníaca y humana, sugiere que has caído justo a tiempo para hacer esto. Ah, aun ahora el pensamiento de Jezabel, que tanto admiró mis formas beelzebudianas, hace que el orgullo se enerve dentro de mi mente inicua.

Tu misión, y no tienes otra alternativa que aceptarla, es asegurarte de que la presente generación de cristianos pútridos pierdan completamente de vista las armas espirituales de guerra que se describen en su manual bajo *toda la armadura de Dios.*

Quizás una pequeña lección de historia encienda la pasión de tu espíritu despreciable y te lance a llevar a cabo tu asignación con malicia y malevolencia. No necesito aumentar la elocuencia del insondable orgullo que me expulsó de la presencia de mi Adversario. Hay, sin embargo, algunas lecciones deliciosamente diabólicas que debes recoger de mi incomparable actuación en el huerto.

Aquellos petimetres ni siquiera me vieron llegar. Iba vestido con mi mejor satín cuando me acerqué a Eva serpenteando. En esto, por supuesto, yace un excelente secreto satánico: ¡nunca dejes que esos gusanos vean tu desnuda deformidad! Pon siempre delante tu mejor mentira. Pero estoy divagando.

¿Recuerdas mi línea seductora? *Seréis como Dios*. No tenía la más mínima idea de cuán duro y rápido iba a caer Eva. Luego, un par de mordiscos y ella y su estúpido marido estaban terminados. Solo pensarlo me provoca un hormigueo de orgullo en el corazón, lo que disfruto con un delirio maligno. Pero es suficiente lo que he dicho sobre mí.

Tú, mi querida Jezabelzebú, tuviste un éxito relativo

con David. ¿Recuerdas el día cuando cayó por causa de Betsabé? Tú creíste que habías ganado la guerra, pero solo habías ganado una batalla. ¡Si hubieses logrado evitar que pronunciara esa oración de confesión! Aun ahora, con solo pensar en eso me dan ganas de vomitar. Como una estúpida empezaste a celebrar antes que el juego hubiese terminado. Gracias al infierno yo fui lo suficientemente astuto como para descubrir otra grieta en la armadura de David.

Nunca voy a olvidar el día en que incité a aquel insignificante pastor convertido en rey a que hiciera un censo. Como cualquiera de esos tontos lectores de la Biblia te lo pueden decir, aquella fue una de mis más grandes victorias. La sensualidad fue un paso en la dirección correcta, pero ese censo fue un salto gigantesco hacia adelante. El mismo niño de la honda que en una ocasión había gritado: «¿quién es ese filisteo incircunciso que se ha atrevido a desafiar a los ejércitos del Dios viviente?», había empezado a pensar que esos ejércitos eran obra suya. El orgullo, la madre de todos los pecados, había empezado a fraguarse como veneno en su nocivo pequeño corazón. Había caído por el refrán del condenado: *yo, mí, mío.*

No fui tan afortunado con la Raíz de la descendencia de David, al que se le dice el Segundo Adán. ¿Recuerdas aquellas infames tentaciones en el desierto? Yo miraba su abdomen. Lo veía hambriento, de modo que estaba seguro que estaría dispuesto a transformar unas piedras en pan. Cuando eso falló, cité un pasaje del Antiguo Testamento y lo contextualicé con una seductora sugerencia. Pero, lamentablemente, el Hijo del carpintero conocía las Escrituras demasiado bien. Así es que rápidamente volví a mi estrategia anterior: el atajo. «Olvídate de ese largo y duro camino a la cruz», le sugerí. «Solo inclínate ante mí y los reinos de este mundo serán tuyos». ¡Con cualquiera otro aquello habría funcionado!

Te digo esto a ti y a todos los insignificantes esbirros bocones que se refieren a ello como el «lío de Beelzebú» por una razón infernal: recordarles que cada vez que alguien se pone la armadura del Adversario, nosotros perdemos. Pero cuando no se la ponen, *ganamos*.

En el momento de la caída, los primeros dos seres humanos se descuidaron con el *cinturón de la verdad*. Antes que el jugo se hubiera secado en sus labios, Eva ya estaba recitando la frase mágica el-diablo-me-indujo-a-hacerlo. Tampoco pasó mucho tiempo para que *la coraza de justicia* cayera por debajo de las rodillas de David. ¡Como si fuera un reproche al *evangelio de la paz*! En el momento en que dejó caer el *escudo de la fe* yo sabía que ya no estaba equipado para extinguir mis flechas flameantes. Por cierto, si David no se hubiese puesto el *casco de la salvación* y orado: «vuélveme el gozo de tu salvación», ahora sería historia.

El verdadero peligro, sin embargo, está en el arma ofensiva que el Hijo del carpintero usa contra mí: *La espada del Espíritu y la oración*. Es imperativo que la generación actual no vea su ejemplo. Y aquí es precisamente, mi querida Jezabelzebú, donde entras tú. Tu experiencia en el mal uso de la Escritura es reconocida. Cuento contigo para que distorsiones la percepción y práctica de la oración. Nada de «*Su* nombre, *Su* voluntad, *Su* reino». Tu misión es transformar la oración espiritual en oración egoísta.

Y déjame advertirte, si fracasas en tu misión, vas a tener serios problemas.

Tu superior en engaño,
El señor Beelzebú

En cuanto puse mi atención en la petición final de la

༺

No debemos esperar que un hombre, sin la unción de arriba, pueda competir con un ángel, especialmente un ángel cuyo intelecto ha sido aguzado por la malicia.

oración de Jesús, me sentí movido a escribir la carta de ficción de Beelzebú a un demonio llamado Jezabelzebú. Lo hice en parte porque me temo que a menudo subestimamos el odio no mitigado que el diablo y sus demonios tienen contra las cosas de Dios.

Por lo tanto, cuando oramos: «no nos metas en tentación, mas líbranos del mal», deberíamos recordar inmediatamente ponernos «toda la armadura de Dios para poder estar firmes contra las acechanzas del maligno». Eso, por supuesto, significa que usted no solo está familiarizado con cada parte de la armadura que describe Pablo en Efesios 6, sino que entiende lo que cada una de ellas representa:

Estad, pues, firmes, ceñidos vuestros lomos con la verdad, y vestidos con la coraza de justicia, y calzados los pies con el apresto del evangelio de la paz. Sobre todo, tomad el escudo de la fe, con que podáis apagar todos los dardos de fuego del maligno. Y tomad el yelmo de la salvación, y la espada del Espíritu, que es la palabra de Dios; orando en todo tiempo con toda oración y súplica en el Espíritu, y velando en ello con toda perseverancia y súplica por todos los santos (vv. 14-18).

No debemos ni sobrestimar ni subestimar el poder y el alcance de nuestro adversario. Sin duda que se deleita mucho cuando a menudo lo describimos como el autor de la oscuridad, en muchos sentidos parecido a Dios, a quien describimos como el Autor de la Luz. Eso, sin embargo, está lejos de ser verdad. Dios es el autor soberano de toda la creación. Satanás no es más que un ángel que ha sido creado. Satanás no es lo opuesto del Creador. No es más que un ángel caído, la contraparte del arcángel Miguel.

Aunque ha llegado a ser algo común atribuir al diablo cada tentación que enfrentamos, debemos estar conscientes de que la guerra espiritual involucra también al mundo y la carne. Como Jesús lo dice tan claramente en la parábola del sembrador, a menudo nuestras vidas no producen frutos debido al «afán de este siglo y el engaño de las riquezas» (Mateo 13.22).

Así como nunca debemos sobrestimar al diablo, tampoco deberíamos cometer el error de subestimar sus astucias y sus mañas. Él es un ser malévolo, la vastedad de su intelecto excede la de cualquier ser humano que haya vivido desde Salomón a Sócrates. Así, «no debemos esperar que un hombre, sin la unción de arriba, pueda competir con un ángel, especialmente un ángel cuyo intelecto ha sido aguzado por la malicia».[1] Desde el huerto original hasta la generación actual, él y sus hordas infernales han perfeccionado el oficio de la tentación. Él sabía qué decir para tentar a Eva a que cayera en una vida de pecado constante, cuyo fin es la muerte. Y en dos ocasiones, el tentador tocó el talón de Aquiles de David y disparó flechas de fuego muy dentro de su alma.

Además, cuando oramos: «no nos metas en tentación, mas líbranos del mal», estamos reconociendo que Dios es soberano sobre todas las cosas, incluyendo las tentaciones de Satanás. Agustín correctamente se refirió al diablo como «el imitador de Dios». De igual manera, Lutero llamó al diablo «el diablo de Dios». Mientras, nuestro «adversario el diablo, como león rugiente, anda alrededor buscando a quien devorar» (1 Pedro 5.8), él es un león amarrado a una cuerda cuya longitud está determinada por el Señor.

Es importante notar que Jesús fue «llevado *por el Espíri-*

tu al desierto para ser tentado por el diablo» (Mateo 4.1). Así, mientras Satanás era el *agente de la tentación*, Dios era *el autor de la prueba*. Satanás usó la ocasión para tentar a Jesús para que pecara; Dios usó la ocasión para demostrar que Él no pecaría.

Finalmente, cada vez que oramos: «no nos metas en tentación, mas líbranos del mal», estamos acordándonos de mirar hacia adelante, al día cuando seremos completamente libres de todas las tentaciones. El hecho de que Jesús haya soportado las tentaciones en el desierto es nuestra garantía de que un día no muy lejano el Reino será nuestro. El tentador será lanzado al lago de fuego y azufre (Apocalipsis 20.10) y las tentaciones, tal como se describen en la carta de ficción en este capítulo, ya no serán más. Viviremos en la Ciudad dorada con la seguridad divina de que «no entrará en ella ninguna cosa inmunda, o que hace abominación y mentira, sino solamente los que están inscritos en el libro de la vida del Cordero» (Apocalipsis 21.27).

Capítulo nueve

‿

Hacia lo profundo

Como el ciervo brama por las corrientes de las aguas, así clama por ti, oh Dios, el alma mía.

Salmos 42.1

Nunca voy a olvidar el día en que ella me leyó la historia. Sufría dolores y apenas me podía mover. Consciente de que tenía una audiencia cautiva, mi esposa acercó una silla a la tina de agua poco profunda donde yo me remojaba y empezó a leer de un libro titulado *Into the Depths of God.*[1] Las palabras eran al mismo tiempo refrescantes y contundentes. Cayeron sobre mí como el bálsamo de Galaad. En unos momentos me sentí aliviado del dolor.

No eran esas tonterías de «gente superficial tratando de hablar a gente superficial de cosas profundas».[2] Estas eran las palabras de alguien que había escapado de la superficialidad de su propia alma para sumergirse profundamente en el océano de la inmensidad de Dios.

La lectura que hacía Kathy me transportó a la experiencia del autor y su familia cuando viajaron al *Great Barrier Reef* [Gran Arrecife]. Usando un esnórquel, Calvin Miller se había dedicado a bucear en las aguas poco profundas del arrecife. Su hijo usaba un equipo de buceo. Por el resto de sus vidas padre e hijo habrían de contar sus experiencias en el Gran Arrecife; sin embargo, solo uno de ellos lo había llegado a conocer *realmente*.

Esta es una analogía muy apropiada para la oración. La mayoría de la gente bucea en la superficie de las aguas de la oración y lo más que consigue es quemarse las espaldas. No logran entender que «en lo profundo es donde la superficie ruidosa y contaminada del océano se hace quieta y serena».[3] Que es allí donde nuestras ruidosas peticiones dan paso a la tranquilidad de la relación con nuestro Hacedor. La tragedia, dice Miller, es que la mayoría de los creyentes «pasan sus vidas chapoteando en las circunstancias superficiales de sus días. Su estilo de vida insustancial marca la superficialidad natural de sus vidas. Pero los que sondean las cosas profundas de Dios descubren por primera vez la verdadera paz».[4]

En las profundidades es donde pasamos de las pequeñas ondas de la superficie de nuestros corazones al océano ilimitado del poder y la presencia de Dios. Es cuando va-

mos más allá de las cosas superficiales y nos zambullimos en una
relación profunda con nuestro
Creador. Jesús quería que sus discípulos salieran de las aguas superficiales de la oración. Por eso,
cuando le pidieron que les enseñara
a orar, él les dio el patrón de su pro-

*Las relaciones, sean
humanas o divinas,
nunca crecen a menos
que se invierta en ellas
tiempo de calidad.*

pia vida de oración personal como un señalizador lumino-
so que los guiara a las profundidades del océano de
oración. El equipo de inmersión permitió al hijo de Miller
tener una experiencia auténtica en el Gran Arrecife. La
oración de Jesús es la puerta de entrada a una experiencia
aun más profunda con Dios.

EL CAMBIO

Profundizar con Dios empieza con un cambio importante
en nuestras percepciones sobre la oración. En lugar de
preocuparnos de técnicas a través de las cuales obtener de
Dios la respuesta a nuestras oraciones, debemos estar
conscientes de que la oración es una oportunidad para desarrollar intimidad con Aquel que nos formó en el vientre

de nuestra madre. Por supuesto es por esto que precisamente la oración de Jesús empieza por decirnos cómo tenemos que construir una relación con nuestro Padre celestial antes que nos instruya sobre cómo traer ante Él nuestras peticiones.

Si vamos a ser sinceros, tendremos que reconocer que la mayoría de nosotros hemos aprendido a orar al revés. Corremos a presentarnos a Dios con una larga lista de peticiones de oración. Y antes que nuestras rodillas hayan tocado el piso ya estamos pensando en volver a nuestra vida frenética. A menudo tratamos a nuestro Padre celestial no mejor que como tratamos a nuestras familias. Queremos una relación sin la disciplina de invertir tiempo de calidad. Le puedo asegurar que Kathy no se sentiría halagada si yo le pidiera una relación íntima sin que haya mediado antes una relación afectiva. De igual modo, Dios no se complace cuando le traemos nuestras peticiones sin establecer primero una relación afectiva con Él.

El fondo de todo esto es que las relaciones, sean humanas o divinas, nunca crecen a menos que se invierta en ellas tiempo de calidad. Así, el primer paso hacia lo profundo con Dios es hacer de la oración una prioridad.

Hacia lo profundo

Piense por un momento en su vida de oración. ¿Pudiera ser que se caracterice por un constante parloteo? ¿Será que la cháchara de su mente es incluso ensordecedora? ¿Pudiera ser que sus peticiones superficiales apaguen el sonido de Aquel cuya voz hace tanto que no escucha? ¿Ha pensado en lo gloriosos que pueden ser los sonidos del silencio?

Si no, lo animo a que desarrolle la disciplina de escuchar la voz de Dios. Dios llamó tres veces a Samuel. Pero Samuel no reconoció la voz. No fue sino hasta que Dios habló por cuarta vez que Samuel dijo: «Habla, Jehová, porque tu siervo *oye*» (1 Samuel 3.10, énfasis añadido).

La Biblia nunca nos anima a que apaguemos el yo como lo hace el budismo. Lo que hace, sin embargo, es exhortarnos a apagar nuestro egoísmo. La oración genuina no está en nuestro ruidoso pedir y obtener; está en una relación creciente con el Amante de nuestras almas. A menudo queremos que Dios mueva los postes de la cerca y agrande nuestras casas y tierras. Dios quiere para nosotros algo mucho mejor que eso. Quiere que estemos quietos de modo que pueda agrandar el territorio de nuestros corazones. Él nos ha mandado sesenta y seis cartas de amor

Mientras más medite en las Escrituras, más clara será la voz del Maestro en los sonidos del silencio.

impresas con escritura celestial. Y mientras más meditamos en estas palabras, más clara resonará su voz en los sonidos de nuestro silencio.

He aprendido más sobre la oración por el ejemplo de mi esposa que por cualquiera otra cosa que haya leído en un libro. Precisamente anoche, Kathy me dio un ejemplo de cómo oír la voz de Dios en los sonidos del silencio. Esto ocurrió por una carta que ella había escrito a algunos amigos que habían perdido a su hijita. Después de derramar su corazón al Señor, quedó en silencio en la confortable presencia de su Padre celestial. Poco a poco, dentro de los sonidos del silencio, empezó a escuchar la voz de Dios. Kathy supo que las palabras no eran para que las oyera ella sola, así es que empezó a escribirlas.

Anoche, mientras leía aquellas palabras, reconocí la inconfundible voz del Maestro. Y supe que mi esposa no había estado nadando meramente por la superficie sino que había buscado las profundidades de la Palabra de Dios.

No nos confundamos en cuanto a esto. Kathy no es una profetisa de los tiempos modernos. Lo que ella ha hecho ha sido dar un paso más hacia lo profundo de la Palabra de Dios en su corazón. Mientras más medite en las Escrituras, más clara será la voz del Maestro en los sonidos del silencio.

EL LUGAR SECRETO

Concluyo explorando un paso final hacia lo profundo. Cuando Kathy abrió su corazón al Señor, lo hizo en un lugar secreto. Temprano en la mañana se había retirado para estar a solas con Dios. Nuestro ejemplo supremo, por supuesto, es Jesús. Las Escrituras nos dicen que Él a menudo «se apartaba a lugares desiertos, y oraba» (Lucas 5.16). Jesús deseaba estar solo con su Padre en el lugar secreto.

¿Tiene usted un lugar secreto? ¿Un lugar donde pueda eludir la estática del mundo y oír la voz de su Padre celestial? El lugar de Kathy es la sauna. El mío es caminando.

La cuestión, por supuesto, no es dónde, sino la motivación. Somos creación única de Dios. Así, su lugar secreto será sin duda diferente al mío. El punto es que necesitamos desesperadamente un lugar lejos de los sonidos perturbadores de este mundo de modo que podamos oír los sonidos de otro lugar y otra voz. ¿Los oye usted? ¡Lo conseguirá si lo desea de todo corazón!

LA ORACIÓN DE JESÚS

En las quietas palabras del himno «A solas al huerto yo voy», el escritor Austin Miles lo dice en una forma maravillosa:

> Él habla, y el sonido de su voz es tan dulce
> Que las aves silencian su canto.
> Y la melodía que me da a mí
> Resuena dentro de mi corazón.
>
> Y Él camina conmigo y habla conmigo,
> Y me dice que yo soy suyo,
> Y el gozo que compartimos al permanecer allí,
> Nadie más ha conocido jamás.[5]

Capítulo diez

❧

Cómo hacer suya la oración de Jesús

Cualquiera, pues, que me oye esas palabras, y las hace, le compararé a un hombre prudente.

MATEO 7.24

Quiero compartirle un secreto. Pero tiene que prometerme que no se lo va a decir a nadie. Vea. Soy un adicto al golf. Bien podría decirse que «¡amo el golf!». Si existiera algo como los Golfistas Anónimos, hace años que me habría enrolado con ellos. Durante cuarenta años he tratado de perfeccionar mi juego. En el proceso, he fracasado al intentar aplicar fórmulas supuestamente infalibles, de esas que prometen hacerte un campeón mundial en treinta días y si no, te devuelven tu dinero.

Recuerdo vívidamente los problemas que tuve al seguir las instrucciones de un libro que prometía «redefinir cómo debe jugarse el golf». El libro decía que «la recompensa vendría muy pronto» y ofrecía una lista interminable de accesorios, desde ayudas para el entrenamiento hasta camisetas. Todo lo que yo tenía que hacer era pensar en el golf de una manera diferente y mejor.

Encima de eso, el libro había caído en mis manos en el momento preciso. O al menos así lo creí yo. Antes de un mes estaría jugando en la competencia *Pro Am* que precede al torneo que se televisa nacionalmente conocido como *The Skins Game*. Los cuatro competidores de ese año serían Fred Couples, John Daly, Tom Watson y Tiger Woods. Se decía que ese año el torneo prometía alcanzar el nivel más alto en sintonía televisiva en la historia. No es necesario decirlo pero yo deseaba desesperadamente estar en la mejor de las formas.

Durante el mes anterior, al inicio de la competencia, seguí las «técnicas de probado éxito» recomendadas por el libro y me pareció que empezaba a percibir ciertos resultados sorprendentes. Incluso vi un video que contenía convincentes testimonios de personas cuyas vidas como golfistas habían sido revolucionadas. La credibilidad del presentador era impecable. Era un golfista realizado que prometía esencialmente que esta fórmula fácil-de-recordar había sido la clave para su éxito. Me convencí de tal manera que finalmente había dado con «el secreto» que presté el libro a varios de mis mejores amigos golfistas.

Durante la cena de recepción después del *Pro Am* decidí preguntarle a Tiger lo que pensaba acerca del «secreto». Su reacción fue clásica. Antes de que siquiera abriera la boca, la respuesta era obvia. En lugar de quedarme con esa respuesta no verbalizada, resolví probar que Tiger estaba equivocado. Todavía recuerdo haber pensado *¿Qué sabe él?* (En mi defensa, debo decir que esto ocurría en 1996, mucho antes de que Tiger Woods llegara a ser el golfista más famoso del planeta.)

En ese tiempo, sin embargo, yo sentí lo que todo jugador experimenta cuando comete un error de aficionado: desaliento y desilusión. A menos que usted haya vivido en una caverna, sabe exactamente de qué estoy hablando. Quizás nunca ha tenido la experiencia que ha tenido un aprendiz de golfista al creer en fórmulas milagrosas, pero seguramente ha experimentado lo mismo en alguna otra área. Quizás haya sido el secreto para un matrimonio exitoso, el secreto para desbancar el mercado de valores o el secreto para perder treinta libras en treinta días. La lista podría ser interminable.

Traigo esto a colación porque deseo hacerle una promesa: La oración de Jesús no es una fantasía pasajera.

Cuando Pedro y los demás discípulos le pidieron ansiosos a Jesús pan, Él no les dio una piedra.

ZAMBÚLLASE

He tenido la misma experiencia ocho veces y cada vez fue una lucha. A medida que nuestros hijos crecían, trataba de convencerlos que dejaran la piscinita para niños y se atrevieran a probar en aguas más profundas. Para ellos, aquella piscina era todo lo que querían. Eso les duraba, por supuesto, hasta que probaban nadar en aguas más profundas. Porque una vez que aprendían a nadar en el océano, perdían para siempre su interés por la piscinita.

Así como guié a cada uno de mis hijos a familiarizarse con la vastedad del océano, así Jesús guió a sus discípulos para que pasaran de las aguas superficiales de oración a una relación realmente profunda con su Padre celestial.

He aquí algunas pautas prácticas para entrar en las aguas profundas:

1. Haga el cambio paradigmático. Debe dejar de ver la oración como simplemente una forma de obtener lo que quiere. Empiece a verla como una forma de disfrutar las riquezas de una relación con Dios. En otras palabras, aprenda bien el acrónimo F-A-C-A-S en relación con la oración que se presenta en el capítulo tres.

2. Confiese sus pecados diariamente. Cada oración, incluyendo la oración de Jesús, no pasará del techo si hay pecados no perdonados en su corazón. Esto es, precisamente, la razón por la que Jesús finalizó su sermón público sobre la oración con estas palabras: «Porque si perdonáis a los hombres sus ofensas, os perdonará también a vosotros vuestro Padre celestial; mas si no perdonáis a los hombres sus ofensas, tampoco vuestro Padre os perdonará vuestras ofensas» (Mateo 6.14-15).

3. Adéntrese en la Biblia. La voluntad de Dios está revelada en su Palabra. De ahí que la única manera de conocer su voluntad es conociendo su Palabra. Mientras más meditemos en su Palabra, más clara será su voz mientras nos comunicamos diariamente con Él en oración.

4. Descubra su lugar secreto. El secreto para orar es la oración secreta. Su presencia pública es un reflejo directo de su vida de oración privada. Si usted pasa tiempo en el lugar secreto, va a rebosar paz en medio de las tormentas de la vida. Si no, será un emisario de cualquiera cosa menos del cristianismo.

5. Haga de la oración una prioridad. La sabiduría es la

aplicación del conocimiento. Como lo dijo el Maestro: «Cualquiera, pues, que me oye estas palabras, y las hace, le compararé a un hombre prudente, que edificó su casa sobre la roca» (Mateo 7.24). Mi experiencia en enseñar memorización por más de dos décadas me dice que si usted practica persistentemente una nueva disciplina por veintiún días, es muy probable que la adquiera para el resto de su vida.

EL MOMENTO DE LA VERDAD

Después de mi encuentro con Tiger Woods en el *Skins Game*, mi golpe de golf siguió deteriorándose. El momento de la verdad llegó cuando busqué a un viejo amigo, quien había trabajado conmigo a través de los años en los fundamentos del golf. Dios me había usado para guiarlo a Cristo. Ahora él me iba a dar una lección a mí.

Me observó cómo golpeaba la pelota e inmediatamente supo dónde estaba el problema. «Hank», me dijo escogiendo cuidadosamente sus palabras, «tú amas tanto el golf como para no tratar de tomar otra vez un atajo». Durante varias horas, me llevó con toda paciencia a reencontrarme con los fundamentos del golf. Quedé sorprendido de cuán poco me tardé en manejarlos. Dentro de unas semanas estaba jugando como nunca había jugado antes en toda mi vida.

Aunque amo el golf, amo infinitamente más a Dios. El golf es un pasatiempo. Dios es mi vida. Es lógico, entonces, que yo ponga muchísimo más tiempo y esfuerzo aprendiendo los principios de la oración que aprendiendo los principios de un pasatiempo.

La oración es un goce anticipado de algo que vamos a disfrutar por la eternidad. Pronto, el paraíso perdido llegará a ser el paraíso restaurado y mucho más. Experimentemos algo que ni siquiera Adán y Eva experimentaron: una comunicación cara-a-cara con Aquel que nos enseñó la oración de Jesús.

Padre nuestro que estás en los cielos,
santificado sea tu nombre.
Venga tu reino. Hágase tu voluntad,
como en el cielo, así también en la tierra.
El pan nuestro de cada día, dánoslo hoy.
Y perdónanos nuestras deudas,
como también nosotros perdonamos
a nuestros deudores.
Y no nos metas en tentación,
mas líbranos del mal; porque tuyo es
el reino, y el poder, y la gloria,
por todos los siglos.
Amén.
(Mateo 6.9-13)

notas

>~

Introducción

1. El 5 de abril del 2001, *La oración de Jabes* (Sister, Ore.: Multnomah Press, 2001) por Bruce H. Wilkinson con David Kopp fue número 3 en la lista de libros más vendidos de *US Today*, delante de *Harry Potter y la piedra filosofal* (New York: Scholastic Press, 1998) que fue número 7. Durante la semana del 22 de abril, su séptima semana en la lista, *La oración de Jabes* fue primero en la lista de libros más vendidos en la categoría de *Advice, How-to & Miscellaneous* [*Consejos, Cómo hacerlo uno mismo y Varios*] del New York Times, a pesar de que el *Times* no considera los libros vendidos en librerías religiosas. También durante marzo, *La oración de Jabes* fue número 1 en la lista de *Publishers Weekly* de los libros religiosos de pasta dura más vendidos y una vez en abril fue el número uno en ventas en Amazon.com. Con 3.5 millones de ejemplares vendidos en abril, la editora de religión de *Publishers Weekly*, Lynn Garrett dijo: «[*La oración de Jabes*] podría fácilmente llegar a ser el libro de pasta dura más vendido en el año» (citado en David Van Biema, «Una oración con alas», *Times;* 23 de abril, 2001,76).

2. Bruce H. Wilkinson con David Kopp, *The prayer of Jabez*.

3. Citado en David Van Biema: «Una oración con alas», *Time*, 23 de abril del 2001, 76.

4. Ibid.

Capítulo 1: ¡Señor, enséñanos a orar, pero enséñanos ya!

1. La palabra griega traducida «enseñar» es un imperativo aoristo, que podría implicar un leve sentido de urgencia: «enséñanos a

orar, ya» (véase Darrell L. Bock, *Lucas volumen 2: Comentario exegético del Nuevo Testamento* de Baker [Grand Rapids, MI.: Baker Books, 1996], 1050).

Capítulo 2: El secreto

1. Bill Plaschke, «*Master of All*», *Los Ángeles Times*, 9 de abril del 2001, D10.

2. Philip Graham Ryken, *When You Pray* (Wheaton, IL: Crossway Books, 2000), 21.

3. Calvin Miller, *Into the Depths of God* (Minneapolis, MN.: Bethany House Publishers, 2000), 29.

4. Ibid., 30.

5. Ibid., 32.

6. Emilie Griffin, *Clinging* (New York: McCracken Press, 1984), 15; como aparece citado en Calvin Miller, *Into theDepths of God*, 32.

Capítulo 3: Su Padre sabe

1. Paul Overstreet y Don Schlitz, «I Won't Take Less Than Your Love», (Pegram, TN.: Scarlet Moon Records, 1999).

2. F-A-C-A-S, análisis adaptado de Hank Hanegraaff, *Christianity in Crisis* (Eugene Ore.: Harvest House Publishers, 1997), 288-90; A-C-A-S usado ampliamente durante muchos años.

3. R. A. Torrey, *The Power of Prayer* (Grand Rapids, MI: Zondervan, 1981), 123-24, énfasis en el original.

4. Shakespeare, *Macbeth*, V, I, 34-57.

5. C. S. Lewis, *God in the Dock*, editado por William Hooper (Wm. B. Eerdmans Pub. Co., 1970, 1979 reimp.), 105.

6. Ibid., 105-06.

7. Ibid., 107.

Capítulo 4: *Cómo establecer la relación*

1. Para otra versión de este chiste, véase el excelente libro de Michael Youssef, *The Prayer That God Answers* (Nashville, TN: Thomas Nelson, 2000), 8.
2. Philip Graham Ryken, *When You Pray* (Wheaton, IL: Crossway Books, 2000), 46.
3. Ibid., 48.
4. Estoy profundamente agradecido a Philip Graham Ryken por su contribución en esta materia.
5. Dr. Adolph Saphir, tal como es citado en Philip Graham Ryken, *When You Pray* (Wheaton, IL: Crossway Books, 2000), 9.
6. San Agustín: «El Sermón del Monte de nuestro Señor», II-V, en Philip Schaff, ed., *The Nicene and Post-Nicene Fathers, Primera Serie,* vol. VI (Grand Rapids, MI; William B. Eerdmans Publishing Co., reimpreso en 1980), 40; también citado en parte en Philip Graham Ryken, *When You Pray,* 70.
7. R. C. Sproul, *Effective Prayer* (Wheaton, IL: Tyndale House Publishers, 1984), 31.
8. Philip Graham Ryken, *When You Pray,* 75.

Capítulo 5: *La ciudad de Dios*

1. Philip Graham Ryken, *When You Pray* (Wheaton, IL: Crossway Books, 2000), 78.
2. C. S. Lewis, *Mere Christianity* (New York: Collier Books, 1960), 36.
3. Anthony A. Hoekema, *The Bible and the Future* (Grand Rapids, MI: Williams B. Eerdmans Publishing Co., 1979), 21.
4. Ibid., 31.
5. Gordon D. Fee, *The Disease of the Health and Wealth Gospels* (Somerville, MA: Frontline Publishing, 1985), 22.

6. Darrel W. Amundsen, «The Anguish and Agonies of Charles Spurgeon», *Christian History* 10, 1 (1991): 22-25 en 25b-c.

7. R. C. Sproul, *Effective Prayer* (Wheaton, IL: Tyndale House Publishers, 1984), 34.

8. Philip Graham Ryken, *When You Pray*, 92.

9. Tertuliano, *On Prayer*, VI, in Alexander Roberts y James Donaldson, edits., *The Ante-Nicene Fathers*, vol. III (Grand Rapids, MI: William B. Eerdmans Publishing Co., reimpreso en 1986), 683; también citado en Philip Graham Ryken, *When You Pray*, 105.

Capítulo 6: *Cómo presentar nuestras peticiones*

1. Martin Chemnitz, *The Lord's Prayer* (St. Louis, MO: Concordia Publishing House, 1999), 57.

2. Ibid., 58.

3. R. C. Sproud, *Effective Prayer* (Wheaton, IL: Tyndale House Publishers, 1984), 34.

4. Philip Graham Ryken, *When You Pray* (Wheaton, IL: Crossway Books, 2000) 115-16.

Capítulo 7: *El Premio a la Compasión*

1. Citado en Marianne Meye Thompson, *1-3 Juan* (Downers Grove, IL: InterVarsity Press, 1992), 46.

2. Calvin Miller, *Into the Depths of God* (Minneapolis, MN: Bethany House Publishers, 2000),179.

Capítulo 8 : *La armadura*

1. Charles Spurgeon, compilado y editado por Robert Hall, *Spiritual Warfare in a Believer's Life* (Lynwood, WA: Emerald Book, 1993), 30.

Capítulo 9: Hacia lo profundo

1. Calvin Miller, *Into the Depths of God* (Minneapolis, MN: Bethany House Publishers, 2000), 179.
2. Ibid., 179.
3. Ibid., 180.
4. Ibid., 180.
5. C. Austin Miles, «I Come to the Garden Alone», (1912).

Del autor de éxitos de librería y presentador del programa *Bible Answer Man*, Hank Hanegraaff

LA ORACIÓN DE JESÚS
*en ingles

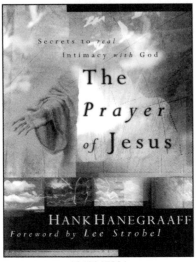

0849917301

El autor **Hank Hanegraaff** quiere llevar oradores al próximo nivel para entender el misterio de la oración. Al profundizar en las oraciones de Jesucristo – la piedra angular de la fe cristiana – el lector aprenderá los siete pasos secretos de las oraciones de Jesús. En solo una hora, el lector se embarcará en una estimulante expedición que podrá cambiar radicalmente su vida de oración para siempre.

EL CHRISTIAN RESEARCH INSTITUTE

El Christian Research Institute [Instituto de investigaciones cristiano] es una organización consagrada a proporcionar a los cristianos informaciones cuidadosamente investigadas y respuestas bien razonadas que animen a los creyentes en su fe y los preparen para cuando tengan que hablar con personas que están influenciadas por ideas y enseñanzas que asaltan o socavan el cristianismo bíblico ortodoxo. Nuestra estrategia es la siguiente:

1. *Poner la mira en lo esencial*. Estamos comprometidos con la máxima: «En lo esencial unidad, en lo que no es esencial libertad, y en todo caridad».

2. *Buscar respuestas*. Además de concentrarnos en lo esencial, el Christian Research Institute contesta las preguntas que se formulan sobre sectas, cultura y cristianismo.

3. *Ser siempre claros*. Hasta donde sea posible, el Christian Research Institute procura tomar cuestiones complejas y hacerlas comprensibles y asequibles al cristiano común.

4. *Ser íntegros en todo*. Recordamos la admonición de Pablo: «Ten cuidado de ti mismo y de la doctrina; persiste en ello, pues haciendo esto, te salvarás a ti mismo y a los que te oyeren».

5. *Respaldar la iglesia local*. Creemos que la iglesia local es el vehículo que Dios creó para equipar, evangelizar y educar.

CÓMO COMUNICARSE CON EL
CHRISTIAN RESEARCH INSTITUTE

Por correo:

CRI United States
P.O. Box 7000
Rancho Santa Margarita, CA 92688-7000

En Canadá:

CRI Canadá
56051 Airways P.O.
Calgary, Alberta T2E 8K5
Para información (Canadá) (403) 571-6363

Por teléfono:

24 horas de servicio al cliente (U.S.) (949) 858-6100
24 horas de llamadas gratis para usuarios de tarjetas de crédito
  1 (888) 7000-CRI
  Fax (949) 858-6111
24 horas de servicio al cliente (Canadá)
  1 (800) 665-5851 (solo pedidos y donativos)

En la Internet:

www.equip.org

En la radio:

Para preguntar algo en inglés al Bible Answer Man [Hombre de
Respuestas Bíblicas] desde Estados Unidos y Canadá, llame
gratuitamente al 1 (888) ASK HANK (275-4265),
Lunes a viernes, 2:30 p.m. a 4:00 p.m. hora del Pacífico.